MAX JACOB

Le Laboratoire central

Préface
d'Yvon Belaval

nrf

GALLIMARD

PREFACE

Publié en 1921, ce livre tant pillé était devenu introuvable. Et pourtant! Faites abstraction de vos goûts, ouvrez, au chapitre sur les poètes, une histoire de la littérature française contemporaine, afin de vous remettre les noms in memoriam : *combien d'œuvres demeurent vivantes? parmi les œuvres vivantes de ce demi-siècle, n'est-ce pas entre les meilleures que vous apercevez* Le Laboratoire central?

J'ai essayé, m'écrivait Max Jacob en dédicace, « d'y donner toute ma mesure. Une mesure pour rien, me souffle le diable ». Voyons. Voyons ce que signifiait pour lui : donner toute sa mesure. Et puis, si le diable a dit vrai[1].

1

« La situation et le style sont tout » : deux mots résument l'esthétique dont Max Jacob n'a cessé de se prévaloir, de la Préface (1916) du Cornet à dés *à l'*Art

1. Voici, chacun suivi de son sigle, les ouvrages que je citerai : Max Jacob : *Art poétique* (Emile-Paul, 1922) : *AP; Le Cornet à dés* (Gallimard, 1945) : *CD; Conseils à un Jeune Poète* (Gallimard, 1945) : *JP; Lettres aux Salacrou* (Gallimard, 1957) : *S;* Marcel Béalu : *Dernier visage de Max Jacob* (Pierre Fanlac, 1946) : B.

poétique *(1922)*, *aux* Conseils à un Jeune Poète *(1941); et l'on n'oubliera ni l'écho de ses conversations, ni ses lettres aux débutants.*

Le « style », ou l'art, se définit : la volonté de s'extérioriser par des moyens choisis : en littérature, le vers ou la prose, le poème, le roman, le théâtre, etc.; Le Laboratoire central *utilise d'autres moyens que* Le Cornet à dés. *Son essence est la volonté. Sa force? Les moyens. Ils doivent respecter le principe d'économie — le maximum d'effet pour le minimum de dépenses — qui est un principe d'ordre : « Un camion automobile est léger à cause de l'ordre de ses parties. » (*AP, *p. 57.) Son but? Extérioriser, organiser un tout, composer. Il ne se confond pas avec la langue qui contribue plutôt, entre autres moyens, à* situer *l'œuvre. Comme ceux qui ont peu à dire éprouvent parfois moins de peine à le bien dire, « Il y a plus facilement du style chez les hommes de peu de tonnage parce que le style est l'équilibre entre le reçu et le recevant. » (*AP, *p. 23.) Mais l'art fort et complet exige la collaboration du sentiment, surtout en poésie. Aux divers sentiments — de tête, de poitrine, de ventre, de bouche — correspondent les divers styles : de tête (Voltaire), de poitrine (Rousseau), de ventre (le XVIIe siècle, sauf Racine), de bouche (le XIXe siècle romantique) : « Le meilleur est celui du ventre. »* (AP, *p. 27.) En tout cas : « Les idées viennent seules quand le moule est prêt à les recevoir. » (*JP, *p. 59.) En vue de cette spontanéité acquise, Max Jacob défend donc un « art de volonté ».*

*Que de manières d'offrir une chaise! « Une dame avare dit : " Prenez une chaise. Ça ne coûte rien, ce n'est pas comme à l'église. " Une dame douillette dit : " Asseyez-vous dans ce fauteuil, il est très bon. " Une dame à l'étiquette dit : " Une chaise? mais non. Un fauteuil ", etc. » (*JP, *p. 46;* AP, *p. 60.) A ces nuances de style on ne parvient que par un entraînement soutenu :*

observez, pastichez : « Faire beaucoup de pastiches volontaires pour être sûr de n'en pas faire d'involontaires. » (JP, *p. 55); évitez les clichés : « Le cliché est un mot de passe commode en conversation pour se passer de sentir. Un poète doit sentir tous ses mots, mais le bourgeois n'a pas le temps... Le poète dose ses clichés : il ne peut y renoncer que sous peine d'être incompréhensible. »* (JP, *p. 19); assouplissez votre syntaxe, variez votre vocabulaire : « Aimer les mots. Aimer un mot. Le répéter, s'en gargariser. Comme un peintre aime une ligne, une forme, une couleur (TRES IMPORTANT) »* (JP, *p. 35); surveillez particulièrement vos adjectifs : « Un mot doit être aussi mûri qu'une œuvre entière : surtout l'épithète »* (JP, *p. 18) qui risque de « liquéfier » le style* (S, *p. 65). En poésie, qu'est-ce que le style? « Un besoin de folie harmonieuse »* (AP, *p. 63); « un style où les voyelles ont leur nombre, où les diphtongues sont pesées, où les consonnes se répètent ou ne se répètent pas. La propriété des termes y a moins d'importance que leur euphonie »; il nous laisse le choix entre la précision « exagérée » du mot — Corbière montrant les marins, « ces anges mal léchés » — et la musicalité pure d'Apollinaire : « Voie lactée, ô sœur lumineuse... »* (JP, *p. 23-24.)*

Extérioriser! « Reconstruisons loin de nous ce qui est près de nous. » (AP, *p. 28.) Si l'œuvre ne se séparait pas du sujet qui la crée, si elle ne devenait pas un tout fermé, un objet humain accessible à tous, jusqu'au « plus malheureux paysan »* (CD, *p. 16-17;* JP, *p. 20), comment émouvrait-elle? Certes, la poésie romantique — l'art officiel demeure romantique* (AP, *p. 61) — est subjective, « hamletique » : elle se réfugie dans l'individualité pathologique du génie personnel ou national, joue à la profondeur, enragerait d'être comprise. A cette « poésie de chambre » s'oppose la poésie moderne, « objectivée » — « c'est son essence » — qui se veut comprise de tous,*

« mondiale » (AP, *p. 41-42). Entre les meilleurs moyens d'objectiver : « L'ironie qui se laisse ou qui ne se laisse pas voir donne à l'œuvre cet éloignement sans lequel il n'y a pas de " création ". »* (AP, *p. 74.) En somme, cette théorie antiromantique du style qui extériorise, objective, est celle même du cubisme.*

La « situation » est au style ce que l'émotion est à la volonté. Une œuvre située a « de la marge », une « atmosphère spéciale » (CD, *p. 16, 18), est « entourée de silence ».* (AP, *p. 28). Savoir situer — il y faut une « immense philosophie de la nature, de la société, de l'astronomie, de la métaphysique, etc. »* (JP, *p. 60) — c'est comme savoir placer sa voix pour un chanteur : cela permet toutes les audaces.* (CD, *p. 14;* JP, *p. 25.) On peut manquer d'émotion et de volonté, ou connaître l'une sans l'autre, ou les posséder l'une et l'autre : aussi rencontre-t-on des œuvres non situées et non stylées (Rimbaud, Balzac, Hugo...), non situées mais stylées (Flaubert, Jules Renard...), situées mais non stylées (Musset...), enfin situées et stylées (le XVIIe siècle). Ces dernières ne se manifestent guère qu'aux grandes époques, lorsque « les règles de l'art enseignées dès l'enfance constituent des canons qui donnent un style : les artistes sont alors ceux qui, malgré les règles suivies dès l'enfance, trouvent une expression vivante ».* (CD, *p. 14.) Ici encore, on notera chez Max Jacob, comme chez la plupart de ses compagnons d'avant la guerre de 1914, comme aussi chez Apollinaire, que le poète, l'artiste se veut moderne, mais se défend d'être moderniste; et plutôt compte-t-il sur les vertus des grands classiques.*

La volonté, en art, forme le goût et développe la spontanéité de l'expression. Pourquoi la spontanéité? Parce que nous n'avons plus affaire à l'enchaînement des raisons du savant ou du philosophe : l'émotion artistique « cesse où l'analyse et la pensée interviennent » (CD, *p. 16)* ; « *Une idée en littérature doit se faire excuser : fût-elle fausse, fût-elle vraie.* » *(AP, p. 33.) En particulier, le style descriptif de la science est « le contraire même de la poésie ». (*JP, *p. 21.) Que l'idée se transforme donc en sentiment.* (Ibid.) « *La poésie moderne saute toutes les explications.* » *(*AP, *p. 17.) La spontanéité s'acquiert par l'exercice : cependant, si « ce que nous écrivons est un* résultat *de nos travaux », ce ne doit pas être un exercice qui sente l'huile, la volonté critique n'a pas à intervenir quand nous écrivons, « mais avant et après ». (*S, *p. 10-11.) Ne nous créons pas « des entraves aux dépens de la vie ». (*CD, *p. 14.) Une fois formé, préparé, chacun, pour laisser libre cours à la dictée intérieure, exécutera les trois gestes préliminaires du travail : se séparer du monde pour se rassembler en la citadelle du moi, faire silence, ignorer ce qu'on a appris. (*JP, *p. 38-41). Alors, « autour d'un mot, se coagule une phrase, un vers, une strophe, une idée. Ah! quel beau mode d'extériorisation!... » (*JP, *p. 35.) Inspiration? Sans doute! « Un œuf très grand descend en moi, très profondément, cette descente est accompagnée d'un flux montant d'étincelles lyriques. Ces étincelles sont des mots, des associations de mots. » (*JP, *p. 57.) Cet œuf ne peut que rappeler la « tache blanche » de Dieu, « qui descend tous les matins jusqu'à la croix des intestins » du poète en méditation. (*B, *p. 76.) Qui s'en étonnerait, puisque, pour Max Jacob, selon la croyance traditionnelle, l'inspiration est la voix de Dieu et des anges, mais aussi, malheureusement, du diable et des démons? Elle doit donc « être surveillée ». (*JP, *p. 27.) Comment savoir si elle est bonne? « L'inspiration n'est pas la chaleur de l'esprit : l'une fait l'éloquence, l'autre est un sang-froid qui se déplace. » (*AP, *p. 26.)*

*A l'inspiration « surveillée » répond l'« inconscience surveillée » qui est le propre du lyrisme (*JP, *p. 56) et qui fait de la poésie « un rêve inventé ». (*B, *p. 35.) « ... Je me* *suis appliqué à saisir en moi, de toutes manières, les données de l'inconscient : mots en liberté, associations hasardeuses des idées, rêves de la nuit et du jour, hallucinations, etc. »* (CD, *p. 10.) Pour « faire frissonner l'inconscient »* (AP. *p. 62), on ne se préoccupera « que du poème lui-même, c'est-à-dire de l'accord des mots, des images et de leur appel mutuel et constant », en gardant l'unité de ton, sans souci d'historiette.* (AP, *p. 66.) La poésie moderne a un « air de rêve », que ses ennemis prennent pour incohérence* (AP, *p. 17) et déclarent incompréhensible. Or, contre l'hamletisme, elle veut être comprise par tous.* (AP, *p. 41-42.) Elle se défie du bizarre, dessert dont on se lasse plus vite que de la soupe.* (AP, *p. 63.) Elle ne cherche pas à être obscure : « Les auteurs qui se font obscurs pour forcer l'estime obtiennent ce qu'ils veulent et pas autre chose »* (AP, *p. 8); « Les œuvres obscures et difficiles ne donnent pas l'impression de l'infini » qui entoure les grandes œuvres.* (AP, *p. 45-46.)*

Cet infini dans le fini de l'œuvre reflète « ce qui dans l'homme l'appareille à la nature immobile ». (AP, *p. 45.) Et, certes, ne reflète pas qui veut : « L'art est la conflagration après rencontre d'un homme harmonieux avec lui-même »* (AP, *p. 26), conflagration à laquelle le vers lyrique doit sa densité.* (JP, *p. 17.) Dans sa poitrine, dans son ventre, au plus profond, à l'*origine, *l'homme harmonieux trouve l'*originalité *(*JP, *p. 19, 45.) Il ne s'agit point de surprendre : la théorie de Baudelaire sur la surprise « est un peu grosse »* (CD, *p. 16) et les beautés tuent la beauté.* (AP, *p. 25.) L'originalité vraie est humaine, ce qui signifie chrétienne pour Max Jacob. Elle utilise les dons du Saint-Esprit qui est — comme l'inspiration, on le remarquera — « le sang-froid et l'amour ».* (AP, *p. 55.) Art chrétien et, par conséquent, art classique, « art de la tenue »* (AP, *p. 61-62), voilà pour Max Jacob l'idéal du poète.*

*Même chrétien, l'art ne se confond pas avec la vie, même chrétienne. Non. C'est un artifice sincère. Cette sincérité peut le douer « d'assez de force pour donner de la réalité à l'illusion ». (*AP, *p. 22.) Artifice? sincérité? Rien de contradictoire. « L'art est un mensonge, mais un bon artiste n'est pas menteur. » (*AP, *p. 9.) La réalité de l'illusion ne copie pas la vie, elle l'exprime, la* situe *et, du coup, la rend émouvante. (*CD, *p. 16.) Donc, « on peut comprendre la vie à travers l'art, mais non l'art au travers de la vie ». (*AP, *p. 29.) Le réalisme se trompe en prenant pour réalité une vraisemblance « qui est le cliché habituel des médiocres ». (*JP, *p. 54-55;* AP, *p. 64* sq.*) Cessez de demander : Qu'est-ce que ça veut dire? Quand bien même l'art serait « la cristallisation du vrai », « la poésie comme la musique est au-dessus de l'art ». (*AP, *p. 57.) D'une manière générale, « une œuvre d'art vaut par elle-même et non par les confrontations qu'on en peut faire avec la réalité. On dit au cinématographe : « C'est bien ça! » On dit devant un objet d'art : « Quelle harmonie! quelle solidité! quelle tenue! quelle pureté! » (*CD, *p. 17;* JP, *p. 20.)*

Pour résumer, une œuvre est un tout organique, fermé — c'est le travail du style— qui émeut non par la copie de la réalité apparente, mais par une expression de la réalité humaine, par où cette œuvre se situe.

Donner des poèmes qui se suffisent tout en situant la condition humaine, tel est sans doute le propos de Max Jacob.

Reste à savoir comment Le Laboratoire central *le réalise.*

2

Sans conteste, une volonté de style a préparé, choisi, mis en œuvre cette extrême variété de rythme, de rime, de vocabulaire, d'image.

Le recueil, de toute évidence, est construit. Même si, comme je le crois, l'ordre chronologique — 1903-1921 — prédomine, la volonté de composer se manifeste d'abord par les infractions à cet ordre — le premier texte ne saurait se placer avant 1918, Les Volontaires espagnols quittent Paris, *de 1910, précède* Ecrit en 1904, *suivi lui-même d'une* Invitation au voyage, *de 1903, etc. — puis par le rangement en quatre parties, enfin par l'intention appuyée de conclure sur une oraison religieuse. Des titres à chacune de ces parties nous auraient peut-être mieux éclairés. Cependant, n'allons pas chercher ici un ordre logique, puisque l'émotion artistique « cesse où l'analyse et la pensée interviennent ». Le poète aura disposé ses poèmes à la façon dont il accorde, en chacun d'eux, la tonalité des syllabes ou dont le peintre harmonise ses coloris : un ordre de valeurs, une disposition par thèmes. Volontiers, intitulerais-je les quatre parties : I.* Quimper, *II.* La rue Ravignan, *III.* Le bal masqué, *IV.* Méditation chrétienne. *Mais laissons là les hypothèses.*

Thomas Mann (il n'invente certainement pas) décrit un musicien qui, à l'aspect, sur le pupitre, d'une partition trop éloignée pour être lisible, sursaute de dégoût ou d'admiration. (Baudelaire fait une remarque analogue pour la peinture.) Eh bien, on peut dire, à la seule vue des poèmes (30 vers chacun en moyenne), que le rythme du Laboratoire central *surprend, charme déjà par la longueur changeante de ses lignes, tantôt accolées à la marge, tantôt dansantes en retrait. Prêtons l'oreille.* A peine *1/5 de poèmes réguliers — 11 sur 24 dans la première partie, 1 sur 36 dans la seconde, 7 sur 33 dans la troisième, 1 sur 12 dans la quatrième — répartis en : 11 à 12 syllabes, 1 à 10, 5 à 8, 1 à 7, 1 à 5. Partout ailleurs, le vers est libre, varié. Et de quelle souplesse! Cette souplesse s'articule sur les glissements de césures, soit déplacées, soit syncopées sur un demi-temps de muette, soit déplacées et syncopées, en sorte que les mètres différents peuvent se fondre l'un dans l'autre, dépasser les 12 syllabes, privilégier l'impair « sans rien en lui qui pèse ou qui pose ». Considérons l'alexandrin (le décasyllabe donnerait lieu à des remarques analogues). Aux classiques 6-6 et 4-4-4 se mêlent des césures comme 2-7-3, 3-5-4 :*

Je meurs / de ton glacial exil, / ô Déesse...
Le couchant / qui fait les monts bleus / couleur de ciel...

ou, si l'on note la muette non élidée pour un demi-temps, comme 2, 5-5-4, 2-6, 5-3, etc. :

Les tristes / encorbellements / de la nature...
Léger, / dentelé par l'automne, / le pin semblent...

Car Max Jacob paraît bien suivre Remy de Gourmont dans son refus de compter la muette non élidée pour une syllabe. Cependant, elle n'est pas nulle. Dès lors, son emploi escamote ou décale la coupe régulière :

Un entomologiste qui est sous les verrous...
Ah! que n'ai-je vingt-cinq mille livres de rentes!...
Et les chiens fouillent les ordures du printemps...

allonge ou diminue le vers :

Et des buissons de roses comme la tour de Pise...
O roi, sous le store noir peint des couleurs d'automne...

Cette richesse de césures permet de combiner des mètres de 12,5, de 13, de 13,5, de 14, etc., syllabes :

Vue perspective d'une maison blanche à tourelles...
Les arbres d'or voulaient sortir du bouquet de voiles...
Les chevreaux futures outres ont des cous de girafes...

J'ai retrouvé Quimper où sont nés mes quinze premiers ans...
Il a une blessure de moisissure sombre au côté...
Les floraisons parfumées n'attirent pas le petit oiseau vert.

On rencontre souvent l'impair :

La lune superbe déborde le ciel...
Le cerf de bois venu de la nuit...
Un oiseau couleur de noix...

Au vrai, par la diversité du nombre, le jeu des syllabes, l'impair, on n'a plus de mesure fixe et mieux vaudrait parler de vers à base 12, 10, etc., que d'alexandrins, d'octosyllabes, etc. On pense à Corbière, à Verlaine, à Apollinaire surtout. On n'entend plus le métronome. Non, le rythme fait battre la pensée. Il a un ton, il est le ton, on ne saurait le séparer de l'invention verbale qu'il suscite, qui s'en empare, qui s'en pare, et qui le réinvente à chacun de ses mouvements.

La même liberté préside à la richesse, à l'ordre, à la position, terminale ou non, de la rime. Parfois banvillesque (Epitomé — Thomé, allie assez — alliacées, mourons — mouron, *etc.), la rime, clown à l'occasion, exhibe ses talents d'équilibriste* (peins-je — linge, cher jeu — cierge...), *joue une* Musique acidulée *(p. 127) sur une boîte à cigares, fait miroiter les paillettes du calembour* (porc Adèle — mortadèle, Musagète — muse achète...). *Mais le calembour est plus rare que dans* Le Cornet à dés. *A l'ordinaire,* Le Laboratoire central *se contente de rimes pauvres* (escargot — bateaux, pas — incarnat...), *et préfère l'assonance d'une musicalité plus nuancée, plus inventive. Lisons-nous* arbre *dans un poème régulier? Nous savons que nous aurons* marbre. *L'assonance permet de lier* arbre *à* candélabre *(p. 35), à* glabre *(p. 41), à* larmes *(p. 43), à* sabre *(p. 105); comme elle lie* cadavre *à* poivre *(p. 76),* oignons *à* Ravignan *(p. 84),* anges *à* songes *(p. 50) ou à* nuances *(p. 166)*, divulgue *à* algue *(p. 52)*, bugle *à* mufle *(p. 151)*, rascasse *à* masque *(p. 32) ou* casque *à* Max *(p. 74); elle peut s'arrêter sur la pointe d'une syllabe* (Zénobie — bille, *p. 58), en prolonger subtilement une autre* (fougère — exagérée, *p. 58), ou l'écraser* (capitale — étoile) *ou décaler un accord de voyelles* (cApItAle — çA Et lA). *Dans la gamme augmentée des sons qui se répondent, rimes et assonances peuvent être plates, croisées, entremêlées, selon l'ordre classique. Mais, cet ordre, le poète le diversifie à son gré. Fidèle à l'exigence intérieure, il gardera quatre vers de suite la même rime :* cerise, Venise, chemise, Pise *(p. 33). Ou il retardera l'écho, laissant 11 vers de distance entre* montant *et* étang *(p. 72), 27 entre* foin *et* soin, *25 entre* mauresque *et* reste *(p. 33). Enfin, il abandonnera ou semblera abandonner la rime. En fait, souvent, il la déplace dans le vers, en use comme d'un accompagnement aux notes terminales et, de proche en proche, parvient à en composer toute la phrase mélodique. Qu'on écoute la progression :*

... Ont des éventAILS. Deux moustaches brillent...
Excepté les cafés en Bourse du TravAIL... *(p. 33).*

... Parut avoir la TEIgne. Un nègre paraissait,
Puis deux, puis cent, puis mille, et l'herbe en était TEINte
Et le SAINT qui pouvait... *(p. 62).*

Qu'un autre écrive ton histOIRE, ô Zéno*bie!*
Dessiner au pastel des pantins sur la mOIRE
Avec de gros marrons grillés jouer aux *bi*lles... *(p. 58).*

La bonne CatherINE! et le GARS Nicol*as!*
Le soleil sur l'étang derrière l'usINE à GAZ... *(p. 44).*

L'intrinsèque satrape ETRENNA la pudeur des *reines*
Il EGRENE A des cryptes ses gr*aines.*

Ascète il DEFINIT la Nin*ive*
DEFINIT*ive... (p. 97).*

Aussi une terminaison de vers n'apparaît sans rime ou assonance que portée par une orchestration très saturée qui les rend inutiles, ou soutenue par des rappels de sons, lointains ou proches, tantôt d'une vivacité de rime riche, tantôt d'une discrétion nuancée de rime pauvre ou d'assonance. A-t-on besoin de rime à fille *quand on demande comment présenter au bourgeois :*

La mère? Fille-mère? la fille?
La mère? comme fille-mère? la mère?
La fille comme fille ou mère? *(p. 134).*

ou quand des chapeaux se changent en peau de chat entre les trois sommets des rimes en eilleur?

Trente-six veilleurs au congrès des veilleurs
Des chapeaux rouges en peau de chat
Pour les meilleurs... *(p. 92).*

A hidalgo *répondent de l'intérieur des vers en rimes pauvres,* taureau, beau *et* métro *(p. 48). Des appels en* é *ou en* è — été, persiennes, persiennes, regrettent — *préparent* verre, *tandis que* grands, blancs, étang *préparent* différents *dans la* Plainte du mauvais garçon *(p. 44). Des accords plus subtils en* o — *annoncés à sept vers de là par* phosphore — *et en* b *accompagnent* bols :

... Et les arrOse d'eau Bénite
Dans des BOLs.
Sous la vérandah de saBLe
De saBLE jaune et de cuscutes... *(p. 76).*

Avec plus de finesse encore, observez comment le son i *vient s'insérer dans* fan, *se libère dans* nuit *et monte à l'aigu de* fragile, triste, cri, *en même temps qu'une courbe mélodique s'élève de* aille *en* aise *pour retomber sur la tristesse concertée de* ar *et* abre :

... Le môle qui jadis sentit ses pieds d'enFANT
Et le témoin jaloux de chastes F*i*ANçAILLES
Lui qui protégea de rudes embarquements la nu*i*t
Il a voulu parler pour ne pas qu'il s'en AILLE
Sur le bateau de nacre à l'aurore, frag*i*le
T*ri*ste est le c*ri* du paon au château de l'AnglAISE
Et t*ri*stes les moutons, ces boucles des falAISES
Et tout ce qui se croise en l'azur se fait pART
Nuage, insecte, oiseau, de son triste dépART.
Pas un bruit dans un arbre! lagune! face glABRE... *(p. 41).*

Il suffit d'écouter ce Départ du marin *avec une oreille attentive pour constater que, loin d'en pousser l'analyse, c'est à peine si j'en signale quelques directions. Manifestement, le poète, fidèle à ses propres conseils, n'a cessé de « mûrir », de « sentir tous ses mots », de satisfaire son « besoin de folie harmonieuse » qui définit le style poétique sans l'emprisonner dans les sons communs, les clichés des « belles âmes » poétiques.*

3

A tant de variété dans le rythme et dans l'harmonie se prête un vocabulaire nombreux où chaque terme multiplie, en jeux d'échos, ses significations. Et comme l'histoire va vite! Sans avoir eu le temps de vieillir, ce vocabulaire est déjà celui d'un autre monde : Exposition 1900 et expansion coloniale. On y trouve le czar, le bec Auer, le dolman à la hussarde, le pioupiou, le crabotage, le madopolam, la guêtre et la bottine; on danse mazurka et varsovienne, polka et quadrille; la maison Pathé frères vend ses phonographes; on se souvient de M. Gambetta;

l'aviateur, le parachute même, le radiotélégramme, l'automobile (au masculin), le tango figurent les temps modernes; on circule en tramway; on se traite encore de donzelle. Il nous présente ses boîtes de cigarettes orientales avec sultane, calife, odalisque, bayadère, indou, birman, marajah, hamac, vérandah et cuscute; et puis, à côté du Malgache et du Sénégalais, voici Abd-el-Kader, bazar, mauresque, berbère, marabout. Ne disons rien des quelque soixante noms géographiques qui nous promènent à travers des continents où, comme au Bal masqué *(p. 154), on acquerrait « l'amour de la géographie par le costume », mais qui, aussi souvent, nous ramènent en France et dans la Bretagne natale. Ne nous attardons pas non plus aux noms de la mythologie grecque ou — trois fois moins nombreux — de la Bible. Le dictionnaire jacobien, en adoptant une orthographe parodique —* Straoumbourgenstrasse, *p. 78 — en arrive à produire, par condensation, de nouveaux êtres : le mastodonte* Nabuchodonausaure, *p. 95. Il ranime des mots anciens :* apostume *(= abcès),* maupiteux *(impitoyable ou qui excite la pitié),* décepteur, apocrisiaire. *Il retient des mots rares ou pittoresques. Qu'est-ce que boire du* dvorak? *Que signifie* gavre? *Qui, sans le* Littré, *reconnaîtrait dans le* Kamichi *l'échassier du Brésil et de la Guyane, dont une espèce garde la volaille en chien de berger? Cependant Max Jacob puise ses richesses surtout dans le langage quotidien. Que de nuances dans le* rouge, *depuis la couleur* sang *et l'*écarlate *jusqu'à l'*aurore pâle, *en passant par le* feu, *le* vermeil, *le* vinaigre, *le* mordoré, *l'*incarnat, *le* rose, *le* bonbon, *et le* rose-blanc! *Et le* choc du jaune et du rouge? *Et le jaune* miel *ou* vin blanc? *Et la robe de la Vierge Marie, qui est* couleur d'aiguille? *Admirez la variété de la flore, soixante espèces environ, où l'exotisme n'intervient qu'avec le* palmier, *le* manguier, *le* tulipier *et l'*ipécacuanha. *Préférez-vous la faune? Elle vous offrira quatorze* *espèces d'oiseaux, neuf espèces d'animaux marins, le cheval, le chien, le bœuf, la chèvre, seulement quatre insectes, — et un petit zoo : un* boa, *un* crocodile, *un* lion, *un* tigre, *un* éléphant, *une* girafe, *un* lama *et une* sarigue. *Animaux, plantes, minéraux, sons, couleurs, etc., dressez des listes : le vocabulaire s'étend en toutes directions, ne se répète pas, se joue d'une diversité peu commune chez les poètes. Terme ancien ou nouveau, recherché ou courant, exotique ou commun, partout l'étrange s'y unit au familier, l'étrange devient familier, le familier devient étrange.*

En effet, les mots s'interpellent. Le don, une volonté constante d'expression, une rumination verbale de jour et de nuit leur ont fait acquérir la spontanéité qui les rend sensibles les uns aux autres. Un thème apparaît-il? « Autour d'un mot, se coagule une phrase, un vers, une strophe, une idée. » Un mot apparaît-il? Alors se coagule un thème. Dans les deux cas, l'ensemble s'organise avec une précision instinctive. L'auteur n'y introduit pas ce qu'il veut. Quand on sait quelle importance Max Jacob attribuait aux horoscopes, ne doit-on pas s'attendre à ce qu'il utilise les emblèmes de son type astral? Il a collaboré au Miroir d'astrologie *de Claude Valence*[1]. *Sans doute ce miroir éclairerait-il un poème comme* Jouer du bugle, *dont le contenu manifeste demeure assez énigmatique : les trois dames qui jouent tard dans la nuit et ont pour maître un mufle n'apparaissant que le matin pourraient bien exprimer quelque projection planétaire; et, vraisemblablement, si le poète se représente lui-même sous l'aspect d'un enfant ramassant des* crabes, *c'est qu'il est né sous la constellation du* Cancer. *Confiée à l'ingéniosité d'un spécialiste, ce genre d'analyse irait beaucoup plus loin.*

1. Max Jacob et Claude Valence : *Miroir d'astrologie* (Gallimard, 1949).

Pour moi, à m'en tenir aux « analogies » indiquées pour le type astral du poète, je les vois surtout démenties. Elles ne mentionnent ni le cheval ou le chien que Le Laboratoire *invoque le plus fréquemment (9 fois et 6 fois), ni la rose qui fleurit au premier rang; elles proposent l'argent, le jade et l'opale, mais les poèmes préfèrent l'or et la perle, sans même nommer le jade et l'opale. Les couleurs pâles, translucides, devraient être le blanc, les beiges, les gris, le vert pâle : or, sur 126 appels de couleurs, je dénombre 26 pour le rouge, 22 pour le blanc, 20 pour le jaune, 19 pour le vert, 14 pour le bleu, 13 pour le noir, 7 pour le brun et pour le gris, 3 pour l'orangé et 3 divers* (irisé, feu d'artifice, couleur d'aiguille), *ce qui ne correspond que de bien loin à la palette astrologique. Pas une seule fois, dans un concert de 14 instruments, ne résonne — il le devrait — le clavecin : on y entend surtout la flûte. Le* miroir? *l'*étang? *Ils brillent quatre fois chacun dans chacune des deux premières parties et s'éteignent tous les deux dans la dernière. En définitive, si le poète peut choisir un thème ou un symbole astrologique, l'astrologie ne parvient pas à imposer ses analogies au poème. Le poème surprend par son autonomie.*

En cette spontanéité acquise, une pensée qui veille survole, surveille une pensée qui rêve. Elles échangent leurs messages. Elles parlent. Tantôt leur invention découvre les mots neufs pour signifier quelque chose; tantôt, par la ressemblance des mots, elle révèle ou crée des choses qui s'assemblent; tantôt, qui donne le départ? le mot? la chose? on ne sait plus. Les expressions neuves abondent, vives comme des sources : le trait d'esprit,

...Que si ton chapeau fleuri
Ne dit oui
Au moins rien jusqu'au chignon
N'a dit non.

le répulsif (le chou de mes entrailles), *le cocasse* (Le lustre, idéal artichaut), *le charmant* (L'abeille du violoncelle), *le précieux* (votre sourire perlier), *le précis (les balcons espagnols* embrouillés, *l'ibis qui tient son bec* entre ses ventres, *le danseur :* un zeste de citron), *le grandiose* (L'incendie est comme une rose — Ouverte sur la queue d'un paon gris), *l'inquiétant* (La digitale étonne au bord des bois — J'en veux avoir autour de mon tombeau), *le bouleversé*

(Ce bateau si petit pour la mer, le phare l'observe
De son œil de vieillard aveugle et plein de larmes),

et, pour nous arrêter aux frontières du songe, une âme qui étouffe, avide de Dieu,

Centrifuge comme l'épine sur la feuille du houx,

et encore :

Les laveuses frappaient les heures au passage.

La même image — Les serpents endormis faisaient mes initiales *(p. 45)*, Les serpents enlacés faisaient mes initiales *(p. 179) — change de sens, et par conséquent d'adjectif* — endormis, enlacés — *dans la paix d'un* Nocturne *ou l'enfer d'*Un ménage d'artistes sans Dieu. *Souvent le peintre traite son sujet par large métaphore : le bon exposé aux méchants, c'est l'*Etablissement d'une communauté au Brésil *promise au massacre des nègres :*

Plus qu'un hérisson blanc, recouvert de ses lances
Un fort de nacre avait ses couleuvrines blanches

c'est l'âme repliée sur soi, hérissée devant tant de gens au dur cœur. Ailleurs (Pronostics), *il s'abandonne aux* *transformations oniriques d'*une couverture de laine au bas d'un tuyau vert : *ce tuyau devient mât, arbre vert, il porte* une blessure de moisissure sombre au côté, *— est-ce un arbre? est-ce un homme? non! un squelette —, la mort? un moine sous un capuchon de laine, le crâne penché sur la mort? — il pense, écrit, grandit, ses doigts s'étalent — ah! c'est un palmier! Un palmier? A moins que... Prenons une autre perspective. Que les mots qui se ressemblent s'assemblent! Ne parlons plus. Dansons les mots. Il vient d'abord l'écholalie, comme dans les comptines :*

> Boum! Dame! Amsterdam.
> Barège n'est pas Baume-les-Dames!
> Papa n'est pas là!...

Mais l'écho n'est pas sans répondre à un appel de sens : une Dauphine est fine, et Shin n'est-il pas du chinois? Eh bien, dansons

> Madame la Dauphine
> Fine, fine, fine, fine, fine, fine...

et

> Quand un paysan de la Chine
> Shin, Shin, Shin, Shin, Shin, Shin...

Le sens se brise en mille échos :

> Saint sein! vive le rein!
> Vive le vin divin du Rhin...

Il reparaît plus concerté, déconcertant, au Bal masqué, *où l'expression « crever son apostume » grimace une autre signification que la sienne sous le faux nez d'un* h : *exaspérée* de n'avoir pas crevé son aposthume, *la foule grouille, abcès humain, qui se retrouve, un peu plus loin, simplement* apostume. *L'évidence s'impose à qui dans* l'écolier *reconnaît* le collier. *Laissons les mots faire la chaîne. Qui conduit :* talents? *ou* talons?

N'étalons, ô mes chaussures,
Nos talents dans les salons!...

Plus haut, Belem *semblait donner le branle :*

Belem ou Balaam, c'est de l'araméen
Préfère l'aramon, brigadier Larramée.

Et souvent on ne sait lequel, du sens ou du son, a été l'impulsion première. Est-ce au cuir bouilli noir du pandore espagnol ou au mouvement de la rime qu'il faut attribuer

Les soldats sur la tête ont du cuir de canon?

Le « disque du soleil », dont le rayon vert au couchant est guetté par tant de marins, la « robe de verdure », voilà des expressions banales; mais rien de moins banal et de plus saisissant que ce crépuscule à Cancale :

Le soleil abandonne un soleil qui se brise
Sur le sable, aux endroits où la mer se dérobe
Retenant d'un seul flot cent cercles irisés
Tout plat comme un miroir et vert comme une robe.

Au temps du Laboratoire central, *un demi-siècle après Rimbaud, la poésie conquérait encore ses droits à une forme de pensée indépendante de la prose. Ces droits ne sont plus contestés. Au lieu d'utiliser des signes qui s'effacent devant les choses dont ils sont les signes, le poète, nous le savons, réinvente le langage naturel où les mots ressemblent aux choses parce qu'ils en conservent (dit-on) l'empreinte sur notre sensibilité. Ils prennent corps. Ce sont eux maintenant qui effacent les choses. Que reste-t-il? Des expressions. Or, dans un monde où tout exprime, il faut bien que tout s'entr'exprime et que l'obscur, l'inexplicable même, soit accepté, intentionnel, irréductible au choc brut contre une matière étrangère. Rien, dans ce monde, n'arrive par pur accident, ce serait insensé puisque le propre du hasard est d'isoler, d'aliéner et d'intervenir du dehors pour rompre la libre nécessité d'une formation autonome. Ce n'est point par hasard que des mots se ressemblent. Ce n'est point par hasard que l'acrostiche de Iessous Christos Theou Yios Sôter compose le mot poisson* (Ichtys) *: l'eau sera donc Esprit. Mais, aussi bien, puisque* pneuma *signifie* souffle, *le Saint-Esprit sera colombe. Ainsi la parole du poète demeure-t-elle préhensive, compréhensive, toujours sentie, toujours sensible, toujours moins conçue que vécue, bref : symbolique. Son essence est la* mimésis. *Elle parle par ressemblance : la répétition du rythme, l'écho de la rime, les rappels de l'assonance, les doublets du calembour, les reflets du pastiche, etc. Son jeu verbal est masque, enchantement, défense, agressivité, séduction, pudeur, triomphe. On retiendra surtout l'effet de ce langage naturel. Comme il a pour principe la ressemblance et non la contiguïté, il rompt avec les habitudes de la parlerie quotidienne et il nous prend à l'imprévu de l'invention. L'invention se fait devant nous, en nous, un dieu nous gagne : enthousiasme. Le poète, qui souhaite une poésie accessible à tous, nous offre de participer à ses propres surprises.*

Sa spontanéité acquise n'ignore aucun ton : simpliciter, temperate, granditer. *Max Jacob choisit le simple. Il ne déclame que « pour rire ». C'est une poésie colloquiale qu'il nous parle. Il transpose le ton de la conversation. Ecoutez. Il s'interrompt* (— Alfred de Musset l'a dit, pour sûr —), *lance un clin d'œil* (Une femme — oh! — toute nue), *passe du joli* (*parfois trop :* Les anges télégraphistes ont des casquettes bleu pâle) *au truculent* (Veuillez voir à la caisse mademoiselle Adèle — L'idéal ris de veau pour lequel tu fautas), *du sérieux* (Voici la noire mort et toute sa misère... — Paquet, va-t'en!...) *au parodique* (Et trois marins s'apprêtent à recuire — Le goéland mourant dont la chair est si dure — Ainsi quand mon esprit, etc.) *qui n'exclut pas l'émotion vraie* (Gentil Quimper, le nid de mon enfance — De lierre, ormeaux, roches tout tapissé...). *Ne converse-t-il pas? Il écrit. Son ton épistolaire varie entre le familier* (Beau frère! tu verras sous toi grandir ton fils — Sois tendre! la raison trouve toujours son fil...), *le mondain* (Il se peut qu'un rêve étrange — Vous ait occupée ce soir, — Vous avez cru voir un ange — Et c'était votre miroir), *quelquefois le journalistique* (Honneur de la sardane et de la tenora, Les Volontaires espagnols quittent Paris). *S'il ne converse pas, s'il n'écrit pas, il chante (à l'exemple d'Apollinaire, Max Jacob se plaisait à chantonner sous ses poèmes) : comptines (p. 119, 127), imitations musicales (p. 125), romances avec, pudiquement, un brin de trémolo* (Adieu l'étang..., *p. 38) et, le plus volontiers, dans le goût populaire* (Le Départ du marin), *au bord des larmes :*

... Il s'en alla jouer du clairon sur la dune
Et les petits marins penchés sur les goélettes
Croyaient entendre au loin Neptune et sa trompette
(p. 103).

Lorsque le sentiment risque de manquer de mesure, Max Jacob l'arrête d'un rire (... Et qu'ils dorent d'un beau nuage — Les ailes de ma tête de veau) *ou il l'attendrit en un sourire* (*par exemple, dans* Le Testament de la Biche). *Il voulait un art de tenue. Qui dit tenue dit retenue. Laissons-le se définir dans un aveu (p. 113) :*

Comment colorer ma faiblesse
Moi qui suis un homme au courant
Si ce n'est par ce mot charmant
Délicatesse!

4

Pour mieux entendre, une et diverse dans son style et dans sa situation, la poésie de Max Jacob, il faudrait comparer Le Laboratoire central *et* Le Cornet à dés. *Dans* Le Cornet à dés [1], *le poème est en prose, bref, ramassé sur une image, un mot, une anecdote (les* Fantômas, Le Bazar de la Charité, *etc.) — bien que, contre Aloysius Bertrand, on ait voulu bannir le sujet et le descriptif pittoresque pour se préoccuper uniquement de l'unité de ton et de l'emploi poétique du langage* (AP, *p. 66) — et, dirions-nous pour résumer, c'est un hiéroglyphe verbal. Le poème du* Laboratoire central *est en vers, plus long en moyenne, moins onirique, moins attaché au calembour, il a plus de diversité interne : c'est un discours hiéroglyphique. Son vocabulaire est plus riche, surtout en noms de la mythologie et de la géographie exotique. A peu de variantes près, on y retrouve la même faune (cheval en tête), la même flore (dominée par les marronniers de Quimper), le même choix de phénomènes naturels (avec, pourtant, plus d'insistance sur ceux de la mer) et de pierres précieuses. On retrouve des mêmes titres —* Mort morale (CD, *p. 151;* LC, *p. 59*), La Rue Ravignan (CD, *p. 74;* LC, *p. 84) — mais le thème est traité d'une manière différente. Le fameux* Dahlia! Dahlia! que Dalila lia (CD, *p. 60) est repris, commenté en confession secrète* (LC, *p. 74*). *Parfois on réentend presque le mot à mot :*

1. Je l'ai étudié dans mon hommage : *La Rencontre avec Max Jacob* (éd. Charlot, 1946).

Un incendie est une rose sur la queue ouverte d'un paon (CD, *p. 51*); L'incendie est comme une rose — Ouverte sur la queue d'un paon gris (LC, *p. 84*); *mais, isolé dans* Le Cornet, *l'incendie est un incendie dans n'importe quelle étendue ouverte, tandis que sur la butte de Montmartre, dans* Le Laboratoire, *l'incendie se change en aurore qui s'ouvre (d'où la préposition et le déplacement de l'adjectif :* comme *une rose* ouverte) *dans le petit jour gris de Paris (d'où : paon* gris). *Plus voisines, sans mot à mot, par le seul rythme de la phrase, l'oppression de :* Expliquez-moi! expliquez-moi — Je n'ai pas le courage de mettre l'autre soulier... (LC, *p. 113*) *et celle de :* N'allumez pas! n'allumez pas la lampe! l'abbé saurait mon secret... (CD, *p. 65*). *Devant :* Le cadre du damier figure un cimetière — dont les vingt-sept dominos seraient l'ossuaire... (LC, *p. 144*), *on ne peut que se rappeler :* Le jeu des dominos sur le tapis évoquait la Mort... (CD, *p. 51*). *En définitive, par d'autres voies — d'autres moyens de style —,* Le Cornet à dés, Le Laboratoire central *débouchent sur le même univers de sentiments, de mots, d'images, de pensées, qui se distingue de tout autre.*

Cet univers est situé *par l'émotion qui lui est propre : il l'est aussi dans notre littérature française. Max Jacob a marqué ses distances à l'égard de Baudelaire, de Rimbaud, de Mallarmé, comme d'Aloysius Bertrand et de Marcel Schwob. Il a connu trop tard Alfred Jarry. Il goûte, sans chercher à les imiter, « les adorables définitions de Jules Renard ». Ne devait-il pas citer davantage Apollinaire dont il vante « l'oreille imaginative »? (B, p. 27.) Lisez :* Honneur de la sardane, Plainte du mauvais garçon, *etc., souvent notre poète semble dialoguer avec le poète d'*Alcools. *Il préfère qu'on le rapproche de Laforgue, de Verlaine, de Tristan Corbière surtout : « Je vais te confier une chose : c'est le seul qui m'ait réellement influencé. »*

(B. p. 90.) On le place souvent dans la lignée des « fantaisistes ». Pourquoi pas? Fantaisistes? : ceux qui refusent de forcer le ton, qui ont assez d'humour, de modestie, de sérieux, de respect de la poésie, pour ne pas l'enfler de pathos; ceux qui dénoncent d'un sourire les sur-percheries et les supercheries de nos voyantes.

Par suite, Max Jacob situe toute la littérature — et la sienne — dans l'ensemble de notre vie. Il apprécie le littérateur et l'artiste : mais il y a aussi l'avocat, l'abbé, le concierge, la demoiselle professeur au lycée de Cherbourg, le conseiller municipal, le policier, le marin, le maroquinier, l'employé de l'entrepôt Voltaire, tous les personnages de ses romans, du Cinématoma, *du* Cabinet noir. *Il sait que la sensibilité de l'art n'est pas la seule, ni peut-être la plus humaine. Nul ne l'a plus vive que lui, qui « trempe son roseau dans le sang de son cœur » (p. 93) :*

La nuit quand je pense à la poésie
Je ne peux pas, je ne peux pas dormir... *(p. 67).*

Peut-être même a-t-il souffert de l'avoir si vive, de ne point parvenir à s'enraciner plus bas.

Quoi qu'il en soit, sa vue d'ensemble sur notre condition remet à leur vraie place — la place de la littérature dans la vie — les jugements sévères qu'il a laissés sur son œuvre. Peu importe qu'il ait traité Le Cornet à dés *de livre stupide dont il avait honte, ou confessé « l'erreur » d'avoir écrit* Le Laboratoire central *« comme ça », « pour se distraire ». (B, p. 55-56.) Là est l'humanité de Max Jacob. C'est par là que nous l'admirons. « Une mesure pour rien, me souffle le diable », m'écrivait-il en dédicace du* Laboratoire central. *Oui. Mais c'est le diable qui parlait. Un menteur, comme chacun sait.*

Yvon Belaval.

Le Laboratoire central

PREMIERE PARTIE

à Georges Auric.

Il se peut qu'un rêve étrange
Vous ait occupée ce soir,
Vous avez cru voir un ange
Et c'était votre miroir.

Dans sa fuite Eléonore
A défait ses longs cheveux
Pour dérober à l'aurore
Le doux objet de mes vœux.

A quelque mari fidèle
Il ne faudra plus penser.
Je suis amant, j'ai des ailes
Je vous apprends à voler.

Que la muse du mensonge
Apporte au bout de vos doigts
Ce dédain qui n'est qu'un songe
Du berger plus fier qu'un roi.

HONNEUR DE LA SARDANE
ET DE LA TENORA

Dédié à Picasso.

Mer est la mer Egée qui dépasse Alicante.
Ah! que n'ai-je vingt-cinq mille livres de rentes!
Les montagnes veillaient sur la mer et la ville.
Sur les murs s'étalait le blason de Castille;
Des églises carrées et les maisons aussi
Et les gens ont toujours l'air de vous dire merci.
Tous ces Romains seraient de l'Opéra-Comique
Si la toge jamais pouvait être comique.
Bleu de cravates bleues aux forains dépassant.
Si les pruneaux étaient couleur d'olive claire
Ce seraient des pruneaux que ces vieillards sévères,
Ces vieillards sont trop maigres; trop gros ces jeunes gens!
Les gitanes iront au cinématographe
Les chevreaux futures outres ont des cous de girafes
Des Catalans phrygiens vendaient des escargots
Les tartanes ont courbé des voiles de bateaux
Et les rames étaient les pattes des chevaux.
Qui veut des calamars, des pieuvres, des rascasses?
Ces poissons ont des dents, des lunettes, des masques
Les toits sont en gradin place du Caïman
Les stores, les balcons le sont également
Peu de fleurs au marché, mais beaucoup de cerises

Les balcons sont embrouillés; comme à Venise
Les stores ont l'air de chemise.
Et des buissons de roses comme la tour de Pise.
La cuisine espagnole sentait un peu le foin
Mais la salle à manger était vraiment mauresque
Si tu n'as jamais vu l'Espagne
Tu ne sais ce que c'est que ville dans campagne.
C'est couleur chocolat ou mieux café au lait
Ou bien c'est blanc dans des montagnes de minerai.
Si tu n'as jamais vu l'Espagne
— Alfred de Musset l'a dit, pour sûr! —
Tu ne sais ce que c'est qu'un mur
Un mur de couvent a des portes cochères
Il en a par devant, il en a par derrière.
Arcades sous les toits, arcades sur la rue.
Dans la journée la ville est nue.
Beaucoup de gens ici sont cireurs de souliers.
Ils jonglent avec la brosse en vous tenant le pied.
Ça n'empêche que sur la citadelle
Deux fois tronquée l'église domine des tourelles.
Il paraît que la forteresse a des canons
Qui garderaient la route du haut de certain mont.
Les soldats sur la tête ont du cuir en canon
Devant dix-huit cafés ils boivent des canons
                    La mère et la fille
Ont des éventails. Deux moustaches brillent.
                    La mère est en noir
Excepté les cafés en Bourse du Travail
Où beaucoup d'hommes sont en blouse de travail
Les démons du Soleil habitaient tout le reste.
On en avait fermé les volets avec soin.

Je me souviendrai toute ma vie de l'instrument de musique qui a nom « Tenora »; c'est long comme une clarinette et ça lutterait, affirme un musicien, avec quarante trombones. Le son en est sec comme celui de la cornemuse. J'ai entendu la « Tenora » à Figueras, ville de la Catalogne, dans un petit orchestre sur la place publique. L'orchestre était composé d'un violoncelle, d'un piston, de cuivres et d'une flûte qui faisait de brefs et charmants soli. On dansait la sardane et avant chaque danse l'orchestre exécutait une longue introduction d'une allure grandiloquente. La déclamation de la « Tenora » était soutenue par les autres instruments bien serrés l'un contre l'autre. Ce sont les musiciens de la ville qui composent cette admirable musique; leurs noms sont inconnus en France excepté de la Maison Pathé frères. Ces fabricants de phonographes ne reculent devant aucun sacrifice quand il s'agit, etc. Après l'introduction, le rythme de la danse commence; ce rythme est d'une solidité telle que je ne crois pas qu'on puisse souhaiter davantage : un rythme de polka coupé de silences brusques, de longues fioritures. Il y a dans la musique des sardanes des embrasements qui font penser à la splendeur. La sardane se danse en rond, bras en girandoles et presque immobiles, sauf dans les moments d'embrasement. Vous regarderez les pieds des danseurs qui sont tendus et qui exécutent des grimaces gracieuses. Au centre de la ronde, il y a une autre ronde et, au milieu de cette ronde, une autre; et les mouvements de ces rondes sont les mêmes, mais ne coïncident pas, parce que chaque meneur de ronde n'a pas le même sentiment de la musique. Il y avait plusieurs roses de rondes le soir sur le pavé de la place à Figueras.

Sardane! tu es comme une rose
Et toutes ces jeunes filles sont en rose.
Il n'y a que les maisons qui ne dansent pas,
Et l'on se demande pourquoi.

La musique a fait pleurer nos yeux
La musique ingénue a gêné nos poitrines,
Comme elle a regonflé le cercle grave et joyeux
Chantez! chantez! chantez! tenoras et clarines.

Le peuple serait comme les vagues de la mer
Si la mer était rose et tournait dans la nuit,
Si la nuit était rose, si rose était la mer
Et si la mer était comme les arbres verts.

Filles des muletiers, gens qui servez à table
Penchez-vous! jetez-vous des regards adorables,
Et par-dessus les bras tendus en candélabres!
Songez à Dieu qui vous regarde dans les arbres

Et par les yeux des boutiques et par la mer.
La tenora fendait la nuit et sa poussière
Nasillarde, comme avec des éclats de verre
La danse roucoulait noblement avec des passements de
[pied allègres.

Chaque instrument se tenait par la taille
Et la tenora dans la musique faisait une entaille.

Ainsi que dans une tragédie est un spectre
Qui passe rarement et passe comme un astre
La sèche tenora, trompette nasillarde
Ne bruit que rarement pour de courtes sardanes.

Les fillettes iront se coucher de bonne heure.
Et les hommes seront au café tout à l'heure
Car les musiciens sont payés tant par heure
Quarante pesetas pour donner du bonheur.

Un garçon se plaignait qu'on ne sût plus danser.
Une fille grattait la jambe à son soulier.
Vers la fin, des messieurs et des dames très bien
S'appliquaient du pied gauche et la main dans la main.

Dansez aussi, dame en grand deuil.
Une fille a reçu de la poussière dans l'œil.
Elle va se cacher derrière un réverbère
Où l'attendait sa mère avec les autres mères

Et malgré sa douleur elle sourit encore
Aux accents séduisants de l'ardente ténore.
Les balcons se drapaient des couleurs catalanes
Pendant que tressautait la rose des sardanes.

Le choc du jaune et du rouge s'allie assez
Avec, ô tenora, tes gammes alliacées.
Elle m'a grisé comme une eau-de-vie.
Elle s'est éteinte comme une bougie
Son souvenir est dans ma vie.

On dit que l'Empereur a passé par ici
Et qu'on retrouve encor ses soldats dans les puits.
Les soldats ont dansé la sardane en vainqueurs
Couchés derrière ces terrasses, ces géraniums, ces pilastres
Ils ne s'éveillaient plus un poignard dans le cœur.
La sèche tenora a passé comme un astre.

Adieu, sardane et tenora! Adieu, tenoras et sardane
Demain, puisque le sort me damne
Demain puisque le czar l'ordonne

Demain je serai loin d'ici
Demain dans les jardins près de ces monastères
Le peuple sourira pour cacher ses prières
Et moi je te dirai merci!

LE DEPART

Adieu l'étang et toutes mes colombes
Dans leur tour et qui mirent gentiment
Leur soyeux plumage au col blanc qui bombe
            Adieu l'étang.

Adieu maison et ses toitures bleues
Où tant d'amis, dans toutes les saisons,
Pour nous revoir avaient fait quelques lieues,
            Adieu maison.

Adieu le linge à la haie en piquants
Près du clocher! oh! que de fois le peins-je —
Que tu connais comme t'appartenant
            Adieu le linge!

Adieu lambris! maintes portes vitrées.
Sur le parquet miroir si bien verni
Des barreaux blancs et des couleurs diaprées
            Adieu lambris!

Adieu vergers, les caveaux et les planches
Et sur l'étang notre bateau voilier

Notre servante avec sa coiffe blanche
Adieu vergers.

Adieu aussi mon fleuve clair ovale,
Adieu montagne! adieu arbres chéris!
C'est vous qui tous êtes ma capitale
Et non Paris.

INCERTITUDES

Hercule enfant trouva deux chemins à sa route
L'un conduisait au vice et l'autre à la vertu.
S'il eût continué l'un il eût trouvé sans doute
Des bifurcations qui l'eussent confondu.
Faut-il se recueillir loin du monde et chez soi?
Faut-il vivre au dehors afin de plaire aux hommes?
La femme d'un ami qui vous offre la pomme
Se venge si du bien vous observez la loi
Un écrivain surtout s'embarrasse et se double
Prend-il un style ici, voilà maints compliments
Prend-il un autre genre? oh! c'est la pluie de roubles
Que faut-il préférer la gloire ou bien l'argent?
Etre libre est très beau, mais trop libre en son livre
L'écrivain quelquefois sent le poids de l'azur
Et puis d'avoir glissé sur la ruse du givre
De tout l'hiver peut-être il n'aura le pain sûr.

LE DEPART DU MARIN

Dites, algues très douces, adieu vers le bateau
Guère plus gros qu'un ex-voto
De sa fine corde, Neptune à l'horizon
Comme de harpes veut jouer, le gros garçon
Pâmoisons des petites feuilles aristocratiques
Selon ce qu'elles étaient et selon le contraire
Quand il venait avec son air socratique
Causer des ports avec les trois douaniers en vert
Ce bateau si petit pour la mer, le phare l'observe
De son œil de vieillard aveugle et plein de larmes
La sirène des usines de conserves
Jette son cri d'alarme
Le môle qui jadis sentit ses pieds d'enfant
Et le témoin jaloux de chastes fiançailles
Lui qui protégea de rudes embarquements la nuit
Il a voulu parler pour ne pas qu'il s'en aille
Sur le bateau de nacre à l'aurore, fragile
Triste est le cri du paon au château de l'Anglaise
Et tristes les moutons, ces boucles des falaises
Et tout ce qui se croise en l'azur se fait part
Nuage, insecte, oiseau, de son triste départ.
Pas un bruit dans un arbre! lagune! face glabre
La nature se tait! le flot fuit l'horizon.
Sable blanc! Sable blanc! mariage de raison.

Reviens bientôt, dit la fumée.
Levant le bras nonchalamment
Reviens! murmure aussi le vent
Et le tumulte du marché
Ne se traduit pas autrement.
Reviens!
Hurle un certain très pauvre chien
Reviens!
La servante du Cheval Blanc
Elle porte une bague au doigt
Qu'elle mêle au ruissellement
Des verres et bols qu'elle nettoie
Casimir offrirait sa rose
Las! il sait! il hésite, il n'ose!

MILLE REGRETS

J'ai retrouvé Quimper où sont nés mes quinze premiers
Et je n'ai pas retrouvé mes larmes. [ans
Jadis quand j'approchais les pauvres faubourgs blancs
Je pleurais jusqu'à me voiler les arbres.
Cette fois tout est laid, l'arbre est maigre et nain vert
Je viens en étranger parmi des pierres
Mes amis de Paris que j'aime, à qui je dois
D'avoir su faire des livres gâtent les bois
En entraînant ailleurs loin des pins maigres ma pensée
Heureuse et triste aussi d'être entraînée
Plutôt je suis de marbre et rien ne rentre. C'est l'amour
De l'art qui m'a fait moi-même si lourd
Que je ne pleure plus quand je traverse mon pays
Je suis un inconnu : j'ai peur d'être haï
Ces gens nouveaux qui m'ignorent, je crois qu'ils me
[haïssent
Et je n'ai plus d'amour pour eux : c'est un supplice.

PLAINTE DU MAUVAIS GARÇON

Je revois de l'été les persiennes bien closes
Les persiennes que regrettent les roses
Ah! les grands poissons blancs sur la nappe de verre
La bonne Catherine! et le gars Nicolas!
Le soleil sur l'étang derrière l'usine à gaz
C'est la maladie de l'amour
Qui me retient ici avec des désirs différents
Parmi les démons et les filles de carrefour
        Ah! buvons à la régalade
Encore une de montée dans le panier à salade!

NOCTURNE

Entre, déesse, en notre grange
Contemple tes épis vainqueurs
Il ne se peut que tu déranges
Le sommeil des cultivateurs.

Les fleurs parlent bas à la terre
Pour les morts la lune répond
En révélant de sa lumière
Les deux arbres, les quatre maisons.

J'entends chantonner vers les nues
Un rêve qui se fait chanson
Une femme — oh! — toute nue
Dans la grange comme au balcon.

Les serpents endormis faisaient mes initiales
Le concert des animaux se taisaient
Chaque brin d'herbe était un morceau de folie
Et les arbres du fond ignoraient leur beauté.

ACCES DE VUE PERSPECTIVE

Vue en montagne d'une maison blanche à tourelles.
C'est la nuit! il y a une fenêtre de lumière,
Il y a deux tourelles, deux tourterelles de tourelles
Derrière la fenêtre et dans la maison
Il y a l'amour, l'amour et sa lumière de feu!
Il y a l'amour à foison, à ailes, à éloquence
Au troisième étage de la maison
Au troisième étage de la maison dans une autre chambre
Chambre sans lumière, il y a un mort
Et toute la douleur de la mort
La moisson de la douleur,
Les ailes de la douleur,
L'éloquence de la douleur
Vue perspective d'une maison blanche à tourelles.

LES VOLONTAIRES ESPAGNOLS QUITTENT PARIS

Les sciences ont eu longtemps l'empire de la terre.
Leur empire n'est plus; voici venir la guerre.
Le président de France était le plus savant
Et jadis il avait instruit les jeunes gens
Les honneurs qu'on rendait aux savants étaient tels
Qu'on les faisait mourir pour les rendre immortels
Ils prenaient du thé russe en des salons charmants
Et décernaient des prix aux plus intelligents
Ils accueillaient les gars instruits de tous les mondes
Quand ils avaient prouvé leur féconde faconde.
Paris était alors le gros centre du monde.
On venait à Paris de tous les points du monde
Les inventeurs étaient promptement enrichis
Il en était de bons et bien d'autres aussi
Les médecins étaient honorés comme dieux :
Il y en avait pour la gorge et les yeux
Il y en avait pour la bouche et les oreilles
Pour les dents, les cheveux, les genoux, les orteils
Il y en avait pour le ventre et l'estomac
Le tube digestif et ce qui est plus bas
On en avait pour le cœur et pour le foie
Et sur d'autres autels on riait de la foi
Le seul théologien était François de Sales
Le plus accommodant en matière de morale

Quand les savants avaient prononcé leurs oracles
Les pharmaciens faisaient à loisir des miracles
C'était toujours avec politesse et douceur
On était ironique, on n'avait pas de cœur
Et cætera, et cætera, et cætera.
Mais les temps vont changer; nous n'en sommes plus là.
Voici que les ballons se croisent dans la nue
Voici que les soldats se croisent dans la rue
Brûlez vos parchemins nous en savons assez
Pour panser la blessure et pour fondre l'acier.
Acheter! vendre! jouir! non! non! coupons les têtes
Le beau sang va couler aux cris de la trompette
Les nations avaient besoin de plus d'espace.
De mille esprits brillants il faut faire une glace
Le temps n'est plus des grades, des fortunes, des places
Revenez de Paris pour fortifier nos places.
Allons! jeunes savants, formez vos bataillons!
Et recouvrez vos malles avec nos pavillons.
Que nos drapeaux flottants illuminent les gares
Elle est brodée de fleurs, d'animaux, votre épée
Soldats de notre chère Méditerranée
Va! pars tirer de l'arc en nos guerres puniques
« Renoncer à ma chaire de mathématiques!
« Quand la sève des foules aux reflets incertains
« Montait à rebrousse-poil des leçons de latin
« Je ne te soupçonnais pas encore
« Ivresse en troisième classe des drapeaux tricolores
« Tu m'as fait oublier, Paris, jusqu'à mon nom!
« Mes taureaux, mes danses, mon titre d'hidalgo
« Le cœur de nos instituteurs
« N'est pas celui de nos sultanes.
« Il est moins beau et moins trompeur.
« C'est le métro pour la tartane! »
Débris d'un univers, poussière des bouquins,
Nous sommes dans les prés entraînés par les trains.

Charbons ardents sous l'œil indulgent de la foule
Les pillards déjà suivaient l'armée scolaire.
Ainsi que devant l'eau qui monte l'on recule
On avait tout vendu pour partir à la guerre :
Ateliers de génie, microscopes et livres.
Aux portes des wagons on en vendait encore
Et même on en donnait car plusieurs étaient ivres
Et l'on changeait aussi des armes contre l'or

Echo d'écho si tu m'entraînes
Dolent sous le bleu firmament
C'est au service de ma reine
Fais-moi voir aussi ma maman

Le courlis ne se prend qu'en plaine
Je l'ai bien chassé dans le temps!
— L'étang —
Ainsi le veut ma souveraine
Nous saurons chasser le Birman

A tous buffets, de toutes gares
Nous irons chanter des péans
Demain, mourons! aujourd'hui gare!
Ne tachons pas nos pantalons

Pierpont Morgan, le milliardaire
Donne des fonds pour les blessés
Ma nourrice est infirmière
Elle en touchera la moitié.

Avril 1910.

A M. MODIGLIANI POUR LUI PROUVER QUE JE SUIS UN POETE

Le nuage est la poste entre les continents
Syllabaire d'exil et que les Océans,
Condamnés par l'Enfer à se battre en pleurant
N'épèleront pas sur le vernis de l'espace.
Le noir sommet des monts s'endort sur les terrasses
Sillons creusés par Dieu pour cacher les humains
Sans lire le secret du nuage qui passe
Lui ne sait pas non plus ce que portent ses mains
Mais parfois lorsque son ennemi le vent le chasse
Il se tourne, rugit et lance un pied d'airain.
J'étais, enfant, doué. Mille reflets du ciel
Promenaient, éveillé, les charmes de mes songes,
Et venaient éclipser l'étendard du réel.
Au milieu des amis, enseignés par les anges
J'ignorais qui j'étais et j'écrivais un peu.
Au lieu de femme un jour j'avais rencontré Dieu
Compagnon qui brode mon être
Sans que je puisse le connaître.
Il est le calme et la gaîté
Il donne la sécurité
Et pour célébrer ses mystères
Il m'a nommé son secrétaire
Or pendant les nuits je déchiffre
Un papier qu'il chargea de chiffres

Que de sa main même il écrit
Et déposa dans mon esprit
Dans l'aquarium des airs vivent les démons indiscrets
Qui font écrouler le nuage pour lui voler notre secret.

PASSE ET PRESENT

Poète et ténor
L'oriflamme au nord
Je chante la mort.

Poète et tambour
Natif de Colliour
Je chante l'amour.

Poète et marin
Versez-moi du vin
Versez! versez! Je divulgue
Le secret des algues.

Poète et chrétien
Le Christ est mon bien
Je ne dis plus rien.

LE CITADIN MORT A L'AMOUR DE LA NATURE LUI ADRESSE SES ADIEUX

De longues voix d'enfants percent le crépuscule.
Avec le télégraphe elles semblent courir
Les regrets opulents du soleil qui recule
Dorent le sable pâle où le flot vient mourir
Je meurs de ton glacial exil, ô Déesse!
Essaim d'échos la flûte invite à la tristesse
Je meurs de te connaître et meurs de t'ignorer
Je te donne ma chair et c'est pour t'adorer
Feuillage, oiseaux attachés qui feuillolent
Feuille qui tombe quand l'un essaie son vol
Forêts, vastes herbiers d'un divin herboriste
Je vous donne mon cœur pour être en ex-libris
Fleur, effort sans regret pour atteindre l'esprit
L'aubier a ton secret, ô lune, astre sans vie
Chaque racine d'arbre est le centre du monde
La mort de chaque plante empoisonne un démon.
Je meurs de ton glacial exil ô déesse.
Essaim d'échos, la flûte invite à la tristesse
Calixte, mon berger, n'appelez pas les Muses
Je veux mourir sans les avoir connues.
Qu'on baisse le rideau de lierre, cette grotte
Doit être le tombeau que la douleur m'apporte.
Abandonnez au sol cette urne, humble trophée
Qu'un agreste concours valut à l'art d'Orphée

Un nouveau site éclate aux bornes du sépulcre :
Les tristes encorbellements de la nature.
Comme un languide amour sur les dalles d'onyx
J'irai porter des fleurs aux sombres eaux du Styx
Mais toi, roi de l'Oubli, ô fleuve du Léthé
Je te jette en défi les splendeurs de l'été,
Comme s'étale encore au pied d'une colonne
Le voile de l'inspiration qui t'abandonne
J'emporte dans la tombe un lambeau de l'azur.
Le ruisseau des vergers dans le vallon obscur
Le houx dont les épis escaladent le ciel
Le couchant qui fait les monts bleus couleur de miel
Or, pour dresser au chêne un support de cristal
Les rocs ont découpé leur front monumental.
O nature étrangère et qui nous vient d'ailleurs!
J'ignore sa patrie, elle ignore mon cœur
D'où viens-tu, l'herbe? Qui donc es-tu, l'espace?
Je meurs en étranger, ô terre jamais lasse!
Cybèle, je t'aimais sans t'avoir reconnue
Et je vais pour toujours mourir sur ton sein nu
Où tu me retiendras sans vouloir me connaître.
Meurs! va résoudre au Styx les énigmes de l'Etre
Meurs! Daphné, du secret d'Apollon confidente.
Tremble aussitôt qu'on dort de l'approche des plantes.

PRONOSTICS

Une couverture de laine au bas d'un tuyau vert
Le mât pousse, il grandit, c'est un arbre vert
il monte sous un ciel de nuages gris;
il a une blessure de moisissure sombre au côté.
Sous la couverture de laine, comme une vieille sous un
[capuchon
il y a un squelette dont on ne voit que le crâne,
un crâne dont on ne voit que le front
un front incliné vers sa large pensée
et cette pensée inclinée vers le papier et la plume du
sous la couverture en triangle [squelette
le mât pousse vers le ciel gris, il s'épanouit
c'est le bouquet d'un palmier — ah! ah! évauheh
les feuilles touffues d'un palmier, à doigts, à pattes, à
[mains.
Ces mille éventails d'un palmier sur la fumée du ciel gris
d'un palmier transplanté de l'Afrique du Nord à Paris.

QUIMPER

O mes écrits nouveaux! je veux qu'ils outrepassent
Le ciel! le poète fidèle à son rêve impossible!
Attelé dans les bras solides de la Muse
Il écrit sur l'azur envers du Paradis.
Gentil Quimper, le nid de mon enfance
De lierre, ormeaux, roches tout tapissé,
Vois ce, d'un tendre effort, qu'à ta face
J'offre! un miroir de hêtres et de houx,
Hêtres et houx cachant nos jeux de courses
Par intervalle dans l'étroite vallée!
Ayant confié le cartable à la mousse
Avec les compagnons j'ai folâtré.
Mère ou servante, le dos à la feuillée
Brodait, cousait ou ravaudait les bas
Sans craindre trop la pente ravinée
Car les quinconces protégeaient nos faux pas.
Du haut en bas ce n'était que feuillage
Piécettes d'ombre et pièces de soleil
Sur une haie c'est du linge qui flotte
Troupeau gardé par la vieille au bâton
Nous, lévriers de la terre moussue
Nous poursuivions dans les couloirs de hêtres
Blancs, hérissés parfois d'éventails de rameaux
En bas, l'Odet aux ponts de fer multiples

Se gargarise interminablement.
Sur le disque éclatant de l'Odet élargi
J'aimais apercevoir entre les doigts des arbres
Les joues du grand voilier dorées par le soleil
Tandis que sous nos pieds s'élançant des broussailles
Les trois-mâts fins et lourds faisaient songer à Dieu.
J'écris nos deux clochers en lettres majuscules
Fleuries, enrubannées, pleines de cris d'oiseaux
L'escalier de la tour au milieu des coquilles
Des blancs, des nuits, des coins et des coups d'air soudains
C'était comme paraphe! Avec des Parisiens
Nous avons effrayé vos poutres, grandes orgues!
Jésus habite en bas. C'est une tiare
Le haut, le phare que les archanges
Tiennent depuis des siècles et des siècles à deux mains
On tolère la canne et le pied des humains
Or le vallon serait un clocher à l'envers
Sans les gros marronniers et vingt-cinq ponts de fer.

A PROPOS DES MEPRIS ET DES MEPRISES DE M. X...

Qu'un autre écrive ton histoire, ô Zénobie!
Dessiner au pastel des pantins sur la moire
Avec de gros marrons grillés jouer aux billes :
Voilà l'occupation de toutes mes soirées.
Non! jamais couronné de jetons de présence
Donnant à mon péplum grâce et désinvolture
Je ne mettrai la muse en bouillon de culture,
Pour avoir trop goûté, messieurs, vos préséances!
Au chêne lauré d'or préférons la fougère
Laquelle est d'une indépendance exagérée
Creusons le sol pour trouver le grand électrique
Et du vulgum pecus méprisons la critique.

MORT MORALE

La révolution inquiète la patrie
Et des gouttes de feu pleuvent sur les balcons :
Modes, chemiserie, marchands de quat' saisons
Teints du sang des cochers ferment leurs batteries
On n'arrosera plus; les pavés sont tout blancs
Et les chiens fouillent les ordures du printemps.
Aux restes dévastés qui furent le Pont-Neuf
Un drapeau sourd et muet dont les plis sont tout neufs
En silence a conduit tes disciples, Babeuf
Dans le Louvre les tableaux incendiés se pourlèchent.
La Tour Eiffel dans l'eau désaltère sa flèche.
La Chambre est occupée militairement,
Une automobile grise emporte des dolmans.
Notre-Dame paraît au creux d'un incendie
Transparente et coulant comme un sucre candi.
Au Mont-de-Piété les Rothschild font la queue,
L'empereur en uniforme est traîné par les cheveux.
Les matelas crevés sont la langue des murs.
Les pavés impuissants à panser les blessures
Ont le cœur plus humain que les graves passants.
Des supplices chinois place de la Concorde,
Des bourgeois sont pendus à leur porte-manteaux,
On les descend dans la vidange avec des cordes.
Les moines du Carmel sauvant l'Hostie Divine

Dans la rue Quincampoix rencontrent la marine.
Un pensionnat muré est devenu harem,
Les mères des enfants pleuraient devant la porte.
On les a fait saouler dans un mortel dilemme,
On a fait boire les fils près de leurs mères mortes.
Pourquoi tout dire? un jour le Christ est venu
Dans la nue sur la ville, il était nu.
Des anges soutenaient sa couronne, le ciel était fendu.

ETABLISSEMENT D'UNE COMMUNAUTE AU BRESIL

On fut reçu par la fougère et l'ananas
L'antilope craintif sous l'ipécacuanha.
Le moine enlumineur quitta son aquarelle
Et le vaisseau n'avait pas replié son aile
Que cent abris légers fleurissaient la forêt.
Les nonnes labouraient. L'une d'elles pleurait
Trouvant dans une lettre un sujet de chagrin
Un moine intempérant s'enivrait de raisin.
Et l'on priait pour le pardon de ce péché
On cueillait des poisons à la cime des branches
Et les moines vanniers tressaient des urnes blanches.
Un forçat évadé qui vivait de la chasse
Fut guéri de ses plaies et touché de la grâce :
Devenu saint, de tous les autres adoré,
Il obligeait les fauves à leur lécher les pieds.
Et les oiseaux du ciel, les bêtes de la terre
Leur apportaient à tous les objets nécessaires.
Un jour on eut un orgue au creux de murs crépis
Des troupeaux de moutons qui mordaient les épis
Un moine est bourrelier, l'autre est distillateur
Le dimanche après vêpre on herborise en chœur.

Saluez le manguier et bénissez la mangue
La flûte du crapaud vous parle dans sa langue

Les autels sont parés de fleurs vraiment étranges
Leurs parfums attiraient le sourire des anges,
Des sylphes, des esprits blottis dans la forêt
Autour des murs carrés de la communauté.
Or voici qu'un matin quand l'Aurore saignante
Fit la nuée plus pure et plus fraîche la plante
La forêt où la vigne au cèdre s'unissait,
Parut avoir la teigne. Un nègre paraissait
Puis deux, puis cent, puis mille et l'herbe en était teinte
Et le Saint qui pouvait dompter les animaux
Ne put rien sur ces gens qui furent ses bourreaux.
La tête du couvent roula dans l'herbe verte
Et des moines détruits la place fut déserte
Sans que rien dans l'azur frémît de la mort.

C'est ainsi que vêtu d'innocence et d'amour
J'avançais en traçant mon travail chaque jour
Priant Dieu et croyant à la beauté des choses
Mais le rire cruel, les soucis qu'on m'impose
L'argent et l'opinion, la bêtise d'autrui
Ont fait de moi le dur bourgeois qui signe ici.

CANCALE, LE CREPUSCULE

à Claude Benoiste.

Le ciel a pour la mer des regards qui bénissent
Le soleil sur la mer est un bateau qui glisse
Chaque lame a son or, chaque écume a sa nuit
Le flot donne un mot d'ordre à la vague qui suit
Le soleil abandonne un soleil qui se brise
Sur le sable, aux endroits où la mer se dérobe
Retenant d'un seul flot cent cercles irisés
Tout plat comme un miroir et vert comme une robe.
Le peuplier divin et robuste, le tremble
Léger, dentelé par l'automne, le pin semblent,
Blessés par le couchant, pour s'endormir ensemble,
Attendre le retour des navires en feu
Or, parmi l'éventail des rochers, c'est un jeu
Des voiles empourprées et des yoles de marbre
D'apparaître après une éclipse encor plus claires.

Mon Claude, nous voici dans la falaise et sous les arbres.
Le télescope de ton vénérable père
S'obstine à rechercher le littoral d'Avranches.
Sur un appareil et sur ses deux mains blanches

Madame la Comtesse abaisse la paupière.
Tu demandes qu'un jour mon fragile pinceau
Fasse vivre pour nous un souvenir si beau
Et ma lyre aujourd'hui te répond et l'éveille

L'EXPLORATEUR

Ah! tout est arrangé!
Renonce à l'automnal des buissons orangés
Misère de misère! oui tout est arrangé
Tu peux filer ton nœud et courir ta marée.
Ah! ah! éheu! hélas! comme aurait dit Homère
Tu n'as pas un ami, tu n'as père ni mère!
Je suis le brancardier d'un hôpital de fous
Un aveugle blêmi dont la moelle a des poux
Le Vasco de Gama des plus sombres études.
Je suis embastillé trente ans comme Latude
Ah! fleurissez là-bas, mes beaux marronniers
Votre plus cher amant par vous est renié.

Côtes, coteries, échos des côtes et des cottages
Des cottages et des boycottages!
La belle-mère amère du maire!
Ne point déplaire à ces bergères
Ou crains des représailles sévères.
Tout ce qu'abandonna de sa bande Amanda.
Héphestion maupiteux régalant sa pituite
Percinet préférant au trois-six le trois-huit
Monsieur de Montserrat élu récipiendaire
Et qui braillant sans verve force un autre à se taire
Poupon, roi des grenus, interprète de songes

Et Gaster le Breton triste comme un oronge
Madame Ixe qui cherche un improbable amant
Sachant l'Espéranto, Coleridge, Shéridan
Ah! tout est arrangé! vous! fleurissez là-bas mes beaux
[marronniers.

TERRE ARROSEE

Dans les verts brouillards de l'Aurore
Ah! tout ce qui se cache, ce qui se cache de bonheur
Et de malheur. Dans les brouillards de la nuit
Le rose ne s'est pas évanoui
Que le chien déjà bâille et s'ennuie.
Il y a autant d'oiseaux que de feuilles dans la forêt.

La nuit quand je pense à la poésie
Je ne peux pas, je ne peux pas dormir
Eau d'aurore
Les mots, ne les dissipez pas encore
— Tu les trouveras dans la rue
En allant revoir tes amis :
Entre le grand ciel triste et tout ce qui, gonflé,
Soupire, le miracle naîtra de la terre arrosée.

SYMBOLIQUE EGYPTIENNE

Un oiseau couleur de noix
Avec un bec d'oiseau de proie
Passe un gué de sable blanc
Il le tient entre ses ventres
L'eau dévale d'un côté
L'eau dévale un autre pan
Il fera tant et tant
Qu'il passera le versant
Son bec est tout noir dedans.

TAPISSERIE TRES ANCIENNE

Deux chevaliers se disputent la dame
Leurs deux chevaux en sont épouvantés.
Dans le soleil on voit briller les lames
Sur les buissons luire les boucliers.

La dame a fui près de certain ermite
Son chien par son voile blanc la retient
Le saint vieillard lui prédit une suite
D'amours sanglants aux lignes de sa main.

Or dans le ciel paraît un hippogriffe,
C'est son fiancé gentilhomme et breton
Qui de la lune aux ordres d'un calife
Revient avec l'herbe de la Raison.

Un vieux seigneur habite les tourelles
D'un haut château paré d'un mur d'acier
La cour d'amour y joue du violoncelle
Le vieux seigneur est très hospitalier.

Saints Pierre et Jean, tout ce monde surveille
Les Anges vont viennent en estafiers.
Dans les enfers du siège de Marseille
Se soucient le Diable et ses conseillers.

L'AURORE

Qui attend le Seigneur au matin de nacre?
L'herbe humide et noire, l'arbre et son mystère
On a préparé tous les bocages pour le Sacre.
Les feuilles engourdies que la froide nuit gerce.

L'Amour soulève les rideaux de la nuit,
L'Amour épand des roses au chevet du lit
On a pillé la roseraie.

La mer est blonde, ronde comme un ciel
Le ciel est rond comme une baie.

Sombres ombrages, surpris d'un rayon de soleil!
On attend pour chanter. On accorde une lyre.
Est-ce la fin d'un monde ou son commencement.
Oh! il n'y aura plus de repos! tout s'étire!
De la terre qui naît, c'est l'ensemencement.

Eveillez-vous, belle endormie, qui tenez les clefs du
Il existe un dieu qui ne parle qu'à l'aurore [bonheur,
C'est vous!

C'est vous, chère petite nature, grande
Terre. Oh! que le frais soleil nous rende
Les fleurs, vert Palais froid et doux.

DEUXIEME PARTIE

Mélancolie du Sénéchal
La rivière est bordée en perles
L'homme était gai — ça m'est égal
Pour une femme d'âge et qui fait du cheval
Se peut-il qu'on se perde?
Rameaux, la mer, amour à mort
Remords.
Je reviens du pays d'où viennent les Péris
J'ai tissé les fils d'or et les bas de coton.
J'aime et c'est ma folie.
C'est ma folie d'aimer.
Régence, s'il eût pu, Sénéchal, qu'importune
Le clément souvenir de sa fortune
Au ventre dérobez les secrets de l'Atlas.

EFFET DE LUNE

Des tiges de mourons!
Quelque insecte au chapiteau du mouron.
Et l'homme des bois de ces cathédrales
Tombant la tête en bas, ou rampant ou montant
Voit la lune à travers les fourches latérales.
Au bout des avenues de grelots de mouron
Il voit ton disque, ô lune! ô lune! œil de faucon,
La lune superbe et tisseuse de miel.
La lune superbe déborde le ciel,
La lune, œil d'oiseau et séjour des faunes,
Et reine de la flore et reine de la faune,
La lune superbe déborde le ciel.
Mais il est sur ses gardes, ô lune,
Car ce soir tu présides du haut de tes tribunes
A la fête que donne le miroir de l'étang,
L'étang, couleur de mouron.
Ah! les feuilles de rave, les tiges de mouron!

LA GUERRE ET LA PAIX

Belem ou Balaam, c'est de l'araméen
Préfère l'aramon, brigadier Larramée.
Tu partis! et Vénus qui te ceignit les reins
En fournira le scythe exil de nos armées.
Fleuri d'or, le hamac obturateur des branches,
Aux billes du soleil, laissons l'araméen
Il regonfle l'orgueil des hêtres le dimanche.
Or tempête! le vent accorde
Eole, de ton accordéon
Les cordes.
Pour l'aviatic d'Héligoland
Goéland
L'univers est en Daghestan
La mer, étang, l'étend
Par l'aviatic, aronde,
On se bat à la ronde
Mais un
Parlait l'araméen
Jésus qui n'est plus de ce monde.

Comme un bateau le poète est âgé
Ainsi qu'un dahlia, le poème étagé
Dahlia! Dahlia que Dalila lia.

POEME

Précipiter une aile à cette perle : un casque,
Pour atteindre le feu du ciel à son déclin
Et le serpent volait vers le Sud-Africain.
Deux dragons se battaient pour la victoire de Max
Au-dessus d'un couvent de moines turlupins.
Vingt champignons du bois ressemblaient aux marquises
Ayant ouvert leurs gros pieds blancs en pantalons
Oui! le ciel me connaît! il faut qu'on se le dise!
Mais il importe peu aux temps où nous vivons.
J'ai, lycéen, tutoyé mes professeurs
Ils m'apprenaient les dessins persans couleur bonbon
J'en ai gardé comme on garde des violettes
Quadrilles! j'ai dansé avec l'enfant de ma sœur
Déguisé sur mon épaule ou sur ma tête
Chez ma tante on avait mon lit dans le salon
Et je ne me levais qu'à midi au plus tard
Son fils lui reprochait le luxe de mes cigares

Voici le précipice où mon arbre a grandi
Il y a là un amphithéâtre de jeunes filles roses et blanches
Je me suis couché au bord et j'ai lu des livres
Mes jeunes pensées étaient en robe de dimanche
Elles avaient des fleurs dans leurs cheveux lisses.
Je suis les évadés de la prison de Nantes
Un enfant reconnut notre tonsure au front
Quand nous lui demandions la route de Clisson
Les arbres, le soleil, le moulin, le torrent
Quand les nonnes servantes
Témoignaient devant Dieu pour leur déposition
Etaient un escalier de mon couvent de Nantes
Pour cacher l'infamie de ma vie de prison.

MALACHITES

Les amis sont arrivés avec des figures allègres
Ils venaient du chemin de la montagne
Le chemin par où l'on apporte le bois de la montagne.
Il y a un petit noble de l'almanach Gotha
        Qui est nègre,
Un écrivain, un fonctionnaire et un danseur de l'Opéra
Ils se sont reflétés dans mes miroirs
Ils ont délibéré sur la maladie du danseur
Et lui ont conseillé le camphre et le phosphore.
Tous les six excepté le nègre
Nous avons mangé des cadavres
Avec du sel avec du poivre
Avec de l'huile et du vinaigre.
Le nègre ne mange que des fleurs cuites
Et les arrose d'eau bénite
Dans des bols.
Sous la vérandah de sable
De sable jaune et de cuscutes,
L'écrivain a joué de la flûte
Et il a évoqué le diable.

ECRIT EN 1904

Le tombeau de Pilate autant qu'il m'en souvienne
C'était à Draguignan si ce n'était à Vienne
Les fils d'Abd-el-Kader y prenaient des photos
Pour les suspendre au clair du clair en ex-votos
Les déesses filaient l'écume de la mer
Et péchaient des disques d'or dans les étangs
Les laveuses frappaient les heures au passage
Et la Loire montrait son âme à tous les coins.
Mademoiselle Biscorne envahie par les eaux
L'abeille butinait un soleil puis un autre
Et ses ailes de feu couvrirent tout l'azur
Vif argent tenancier de Boukhara chambarde
L'ombre de l'ombre amie des lunes enchantées
Double-six! à moi la pause! disait-on.
Moi, j'ai les plus beaux bras, toi les plus beaux tétons
A nous deux nous ferions une femme parfaite.
Œuvre de Ducerceau le Pont-Neuf fait la roue
Les nymphes de la Seine à l'aube sur sa proue
Peignent leurs longs cheveux en chantant du Villon
La ville voyageait portant son âme en peine
Traînée par des haleurs et par de lourdes chaînes
Les prêtres pélagiens venaient au-devant d'elle
Les poissons suivaient l'ombre des chars anciens
Demande à son mari faire un tour de bateau

Le soleil du matin plume un arbre en poussière
Jésus barre la route entre les boulingrins
Le ciel est sur la terre pour qui veut bien le voir
Dans une maison du Straoumbourgenstrasse
— Tiens! les démons ont toujours les yeux bleus —
Sur une malle ainsi que dans une glace
Un poète mort jeune rasait son menton bleu.
Diana Castelucho, moteurs Gnômes et Rhône
Koto, vin de Coca des coteaux du Pérou
Avec la langue rouge du drapeau de velours
Grévistes les jupons jappaient sur les cailloux
Les ailes des pensées, pigeons que vous pensâtes
S'envolaient vers le sépulcre de Pilate.
Holà? nous déjeunons sur l'herbe
        Près de Marcajola
Et les roses nouées en gerbe
        A la ténorita

Robe en lanterne vénitienne.
        L'auto coupée en biseau
Chantons! recommençons l'antienne
        Pilate et son tombeau

La gueule des théâtres aux cinq mille œils des loges
Réfléchissait la mienne antienne ton éloge
Pilate. On grignotait la mandoline sous les toits
Et dans les restaurants on disait : « Le Roi boit! »
A célébrer Pilate nous nous exciterons
En buvant des « Amers » et des cocks au citron.
        Des deux atmosphères le ciel fait une marche
        Sur laquelle prophétisaient les patriarches

Les marins blancs vêtus du bleu de l'Océan
De Pilate à Baal offraient le gant

Et la télépathie des radiotélégrammes
De Pilate partout faisait vénérer l'âme
Ceux de la politique et ceux de Théodose
Avaient aussi pris du Pilate à haute dose
Les Panthéons hémiplégiques depuis cent ans
S'émeuvent des éclairs et s'emplissent de sang.

Les jurements aux dieux s'échauffaient de patois
Terrifiant les astres qui s'ajustaient en cônes.
Ricanais-tu, songeant aux châtiments des lois
O roi, sous le store noir peint des couleurs d'automne
Les arbres d'or voulaient sortir du bouquet de voiles
L'éclipse! bestial festin de roux avec les brunes!
Les terribles guerriers découpaient des gâteaux,
Dissimulant en eux les noirceurs de la lune!
Quand enfin la nuit vint, la nuit en clair de lune
Il n'y eut plus... il n'y eut plus qu'un bord d'étang
La femme en vert qui peut-être était brune
Et l'enfant roux, l'enfant roux habillé de blanc.

THEME DE L'AVANTAGE DES VERTUS

Enseigne : Au Syndicat des Rescapés de la Mouise
Mon petit parachute en peau de bégonia
Dans le même métal je fais aussi : chemise
Pastichant l'Alençon et le point d'Estérel
Chaussure sans pédoncule imitant le boa
C'est plus avantageux que la fibre de bois
Voiturette triplex avec paratonnerre de poche
Et double pédalier sur les côtés de la broche.

Enseigne : au Syndicat des Rescapés de l'Enfer
Non celui de la terre qui reçut cet ivrogne,
Jean-Marie Farina, marchand d'eau de Cologne
Le vrai, large et profond où pour punir les vices
Nous attendraient en bas de l'escalier de service
Satan et les employés de son service.

Entreprise de mécaniques agricoles
Cultivez les vertus dans les fermes-écoles.
Exhalaisons et salaisons en toutes saisons
Enseigne : Au Calicot de la Grande Espérance
Paris au Parádis par le Pari Mutuel
C'est celui de Pascal : Pari sauvez la France
Rendez Christ aux Larrons du juge au criminel

Enseigne : Au Blanc d'Espagne et de Madapolam
Par ordre du Préfet, recrépir sa pauvre âme.
Peindre le magasin à toute heure du jour
Et ne pas négliger la cour
Blanc! blanc! rata blanc
Blanc partout, c'est le Bilan
De la Grande Maison de Blanc
Que le cri de mes jours perce l'airain des ciels

Plus qu'un hérisson blanc, recouvert de ses lances
Un fort de nacre avait ses couleuvrines blanches.
Un donjon où le soleil pointait
Et que jamais la bonne pluie n'adoucissait
Les soldats rouges en la cave fondaient des balles
Et roulaient des boulets en haut des vingt greniers
Et puis on s'exerçait au tir et de longs râles
Revenaient du ciel jaune, descendaient l'escalier.
Un fort de nacre! qu'on mit en sa poitrine
Car tout ceci n'est que folie que j'imagine
Pour dire ma tristesse et mes grandes douleurs
Causées par tant de gens au dur cœur
Et par tant de déboires et de leurres.

LA RUE RAVIGNAN

à Dorival.

Importuner mon Fils à l'heure où tout repose
Pour contempler un mal dont toi-même souris?
L'incendie est comme une rose
Ouverte sur la queue d'un paon gris.
Je vous dois tout, mes douleurs et mes joies...
J'ai tant pleuré pour être pardonné!
Cassez le tourniquet où je suis mis en cage!
Adieu, barreaux, nous partons vers le Nil;
Nous profitons d'un Sultan en voyage
Et des villas bâties avec du fil
L'orange et le citron tapisseraient la trame
Et les galériens ont des turbans au front.
Je suis mourant, mon souffle est sur les cimes!
Des émigrants j'écoute les chansons
Port de Marseille, ohé! la jolie ville,
Les jolies filles et les beaux amoureux!
Chacun ici est chaussé d'espadrilles :
La Tour de Pise et les marchands d'oignons.
Je te regrette, ô ma rue Ravignan!
De tes hauteurs qu'on appelle antipodes
Sur les pipeaux m'ont enseigné l'amour
Douces bergères et leurs riches atours

Venues ici pour nous montrer les modes.
L'une était folle; elle avait une bique
Avec des fleurs à ses cornes de Pan;
L'autre pour les refrains de nos fêtes bacchiques
La vague et pure voix qu'eût rêvée Malibran.
L'impasse de Guelma a ses corrégidors
Et la rue Caulaincourt ses marchands de tableaux
Mais la rue Ravignan est celle que j'adore
Pour les cœurs enlacés de mes porte-drapeaux.
Là, taillant des dessins dans les perles que j'aime,
Mes défauts les plus grands furent ceux de mes poèmes.

Lorsque l'empereur qui devait renoncer à la souveraineté
Reçut le message, il prenait le thé
Dans la chambre des femmes, près de son marcassin.
Il porta la main gauche au-dessus de son sein
Et prononça tout bas, avec beaucoup de zèle,
Des paroles embarrassées et immortelles :
« J'ai mal écrit les lois, il faut les arranger,
Voici qu'il est trop tard pour les changer! »
Les flammes du foyer étaient comme des griffes,
Le papier dans le feu tordait des logogriphes,
Et le vieux roi prit le chemin du monastère.
Cette retraite stupéfia l'univers.

PLUS D'ASTROLOGIE

Astres, vous combattez avec les seuls regards!
Des étoiles grouillaient comme un boisseau d'abeilles
Pendant ce long combat pas une qui sommeille
Eugénie Portefoin, le patron fait la bombe
N'entrez pas, Eugénie, le patron fait l'amour
Des filles, le patron faisait une hécatombe
Ma belle, n'entrez point, on n'en sort pas toujours

Astres, vous combattez avec des traces
Une larme tombait d'un astre
Ivre de joie je compulsai tous les trésors
L'éclat de la comète était vermeil
C'est moi seul qui l'entrevoyais dans mes veilles.
Ce sont les projecteurs qui forment les patries
Combats, nous combattons à l'ombre de nos sorts
Et le rouge de Mars est un rouge de mort
On a placé et déplacé trois diplomates
Dalila s'est donné pour maître un contremaître
Tous les hommes illustres décédés en quatre ans
Les notaires qui vendaient nos terres sont au camp.

Et l'œil du Christ ayant les clefs de mon logis
A jamais je renonce à toi, l'astrologie!

Vous, Quatre Couronnés, Sivère, Victorien, Sivérien,
[Corpophore
Il fallait qu'il en fût ainsi! Prenez les clefs du coffre-fort!
Que pense le Seigneur notre Dieu des désastres
Que causent à ses amis les combats de ses astres.

Nous! chantons la petite baleine couleur cadavre
Chacun s'habille ici et les moins élégants,
Selon la fantaisie — silhouette choisie! —
De tableaux anciens et pour toute sa vie :
Barabbas, Sesostris, quelque Scythe, un brigand
Que Salvator Rosa peignit au bord d'un gavre
Nous! chantons la petite baleine couleur cadavre.
Au pied des grands Palais qui sont mappemondes d'astres
Plus de lumière à tels aquariums dévastés.
N'était la bave rouge lorsque ça ne rit plus
Les dorades déformées par la viande des victimes
Qu'on jette vivantes! (Justice soit au crime)
Ont tout le poivre et sel des cadavres perclus.
Monstres lourds! honorés comme on fait des bouddhas
Je vois tachés par archers, des vieillards las
Et dont ces aquariums géants seront les tombes.
Les dorades nageant vides de faims nouvelles
Désenchaînaient leurs traces et la piste éternelle
Fuyant les bonzes au loin et qui frappaient des gongs.

DOIT ET AVOIR

Tracez une ligne de Liège à l'embouchure de la Bidassoa.
Tracez! tracez aussi la ligne de l'amour,
Côté « Doit », toute image de sérénité,
L'autre côté les plaisirs fous, la vanité,
De l'arche de Noé faites sortir les bêtes...
L'emphatique éléphant et le sinistre bouc,
Attendez la colombe au rameau d'olivier,
Renvoyez à Satan ce que vous lui devez.
Doit les chartes nouvelles à mon bon ange.
Au diable : l'inconstance, la surdi-mutité.
Sieur Fortuné du Bois baudran,
Le gouverneur des deux Siciles
A fait, sur l'une de ces îles,
Faire un château de carton blanc.
Sol fatal! Solfatare! tare,
Du matin blanc jusques au soir
Il lui monte de ces Tartares,
Des visiteurs en habits noirs.
Doit le château à Dieu, la Sicile à l'enfer.

LA COREE

Bertrande a vu des phares roussir la nuit!
Tant que la Malaisie au collier d'or aura
des phares, ô Ciel, farci les corails verts
Tant que le monopole des navires d'aujourd'hui
Aura du monstre gigantesque, aura
déçu les rocs pervers
Bertrande, tu verras
les phares roussir la nuit.
Les lamas bicolores, les crocodiles cendrés
ricanent, mâchonnant des feuilles de papier
Moi, j'ai ma flûte où geindre
et ma barque où pleurer.

Les trente-six ports! quels coteaux en couteaux
Les trente-six ports ont trente-six portes
    Et cent bateaux.
Les trente-six fraises sur le buis du buisson
Les trente-six fraises, c'est trente-six braises
    Et leur charbon
Trente-six veilleurs au congrès des veilleurs
Des chapeaux rouges en peau de chat
    Pour les meilleurs.
Les trente-six cors aux bois de l'Hellespont
Les trente-six cordes aux trente-six cors.
    Et leurs façons
Et tout le mal et les dures leçons
Qui de mon cœur ont fait un entrepont

LE KAMICHI

L'échafaud, c'est la guillotine,
On n'en veut plus, c'est pour les rois!
L'humble auteur qui t'écrit ces lignes
Veut pour le moins mourir en croix
Je trempe mon roseau dans le sang de mon cœur :
        Titre ou dommage? animalcule
        Dieu vous trouvera ridicule!
        Allez donc vous faire pendre ailleurs!
        On vous accorde
        L'Asile de nuit et la corde.

La digitale étonne au bord des bois
J'en veux avoir autour de mon tombeau.
Fais un extrait de cette plante et bois,
Et tu seras guéri de tous tes maux.

Allons! découpez-moi un bon morceau de marbre
Avec dessus mon nom en lettres d'or;
Vous planterez auprès tel ou tel arbre
N'oubliez pas la date de ma mort

Je n'ai jamais pu être militaire
Etant moitié fil de fer et coton

Mais je fus dévoué aux compagnons,
Obstacle au bien que fait le monastère.

Ça sent la fraise! Ça sent la mandarine!
Juges-gardiens disent que le roi boit
Moi, Bourtibourg, je dis qu'on m'assassine
Juge, arrêtez! Je veux mourir en croix!

Acte d'amour que je mets par écrit :
Chacun son lot! si j'ai le Saint-Esprit
Fors que mourir, je ne veux rien sur terre
Mourir, encor vivant de Sa Lumière.

PERIGAL-NOHOR

On a fait des reprises dans l'azur de mon ciel
Deux lions s'accroupissaient à mes épithalames
Et sainte Catherine a relevé sa lame
Pour tailler mes buissons tressés couleur de miel —
Les deux châteaux pointus bourrelés de tourelles —
La tourelle au château avait des écrouelles.
C'est tout ce qui restait dans cette capitale
Et des bouts de jardin dispersés çà et là
Et nous voyions aussi vos coiffes de dentelle
Madame Adamensaur
Couleur de hareng-saur
Madame Mirabeau, Madame Mirabelle
Nabuchodonausaure, mère du roi, dit-elle.
Des voiliers revenaient vers cette cathédrale
L'un avait des trésors et l'autre du coaltar
Le troisième prit feu qui portait Abélard
Et la mer avait quelque chose de végétal
Et moi j'écris ceci en lettres capitales
Je ne serai jamais qu'un écolier dans l'art
Collier des écoliers nous portons des couronnes
Celui qui les reçoit vaut celui qui les donne.

PERIGAL-NOHOR

Glace d'idéal, tulipe au zénith
Et qui se flétrit et qui se dépite
Le pistil s'exaspère d'être pâle
Aurais-je aux nues offert le vide
La mère disait tout à la pauvre odalisque
Qui ne comprenait rien
Assise avec les rois au pied de l'obélisque
Et se mourait de faim
Adieu, pas effeuillés sur la neige mourante
Je vais me marier
Avec le duc d'Otrante
S'il veut bien m'accepter
Neige, il neige! elle aspire
A l'humecter, belle vierge de cire
Espère, futur, un ciel de fiel plus pur
Divulguez! l'extrême étage déifie la lumière
Choisis l'espace, tribune légère
Où la lumière peut voir l'ivoire de la lumière
Tige, exhausseras-tu le rêve où s'exténue
Cette âme si ténue.
Les astres faisaient des paysages en comète
Et les oiseaux nichaient dans les soleils mouvants
J'écrirai donc toujours mes vers sur mes manchettes
Ah! mes pauvres chansons, qu'à regret je regrette!
Le château de Chatou n'est qu'une escarpolette
Et j'ai laissé mes vivres à Montserrat.

L'intrinsèque satrape étrenna la pudeur des reines
Il égrène à des cryptes ses graines.
Ascète il définit la Ninive
Définitive
Les thèmes de l'œdème qu'il aime
— A jamais aimer! —
Admets Atrophialcus au tiers conseil des princes
Paladin obscurci par un hymen secret
Il refuse de joindre au duché trois provinces
Qu'un pape libéral à ses filles offrait.
Il ne s'enrichit point et vieillit dans ses fautes
Comme un ermite à qui tout était étranger.

PLAINTES D'UN PRISONNIER

Perchez les prisons sur les collines
Nous aurons la respiration saline
Ça nous consolera de la discipline
Barbe-Bleue est ici depuis une huitaine
Avec ses beaux-frères, avec Croquemitaine.

« Anne, ma sœur, ne vois-tu rien venir
Regarde la mer bleue, regarde l'avenir!
— Je ne vois que l'aumônier et le médecin
Ils arrivent dans le bois de pins
Et leur aspect
Me rend perplexe et circonspect
Faut-il me donner la fièvre jaune
En me frottant le nez avec la paume
Ou une fluxion de poitrine
En buvant mon urine. »
La fille du geôlier et le récidiviste
Des résultats du steeple ont consulté la liste
Comme près des colonnes il y avait du vent
Ils ne lurent pas plus avant
Et la belle a fait un enfant.
Un entomologiste qui est sous les verrous
Etudie à son gré la punaise et le poux;

Nous avons un préfet, un notaire, un abbé,
Les malheureux, ça n'est pas bête,
Ont fait de la cloison un piano alphabet
Ils se disent tout ce qui passe par la tête.
— Moi, je n'ai jamais pu l'apprendre —
D'hommes à femmes des choses tendres.
Prisons, volière des doigts muets
La muse est un oiseau qui passe
Par les barreaux de ma prison
J'ai vu son sourire et sa grâce
Mais n'ai pu suivre son sillon.

Adieu, muse, va dire aux hommes
Ce soir de fête en la cité
Que dans les prisons où nous sommes
On meurt de les avoir aimés.

Le cerf de bois venu de la nuit
La nuit pâlie d'un horizon très proche,
Ses yeux n'étaient que crasse et sur le buis
Le cerf de buis sur une roche,
Il ne broutait que le bois de la nuit
Le râtelier d'herbe en bois et puis!
Puis l'herbe s'enflamma brune comme les loches :
C'était comme au théâtre une rampe Auer
La nuit était toujours la nuit
Et le cerf affamé broutait l'herbe d'enfer.

PASTICHE

Avez-vous rencontré la fille au muguet bleu
Qui m'aime sans me vouloir?

Avez-vous rencontré le lièvre au poil de feu
Qui broute à mes réfectoires?

Avez-vous rencontré le vieillard chassieux
Qui dit non sans rien savoir?

Avez-vous rencontré pucelle aux jours heureux
Qui a différé l'écart?

Avez-vous rencontré gueux devenu plus gueux
Qui a voulu trop avoir?

Avez-vous rencontré malin malicieux
Qui lance ferraille et pétard?

Avez-vous rencontré puissant officieux
A savant quêtant savoir?

Avez-vous, tout compte fait, avez-vous gobé les œufs
Venant de mon poulet noir?

THEME DE L'ILLUSION ET DE L'AMOUR

Les chiens d'un certain Actéon
Ne dévoreront pas leur maître :
Ils le feraient des vagabonds.

Existence paradoxale que le clair de lune fait naître,
Sur les pelouses du château!
Non! ce ne sont pas des joyaux
Sur les chiens et les paillassons
Mais des gouttelettes du jet d'eau.

Le danseur : — un zeste de citron —
Poursuit Diane au jeu de cache-cache
Les fenêtres qu'on dépassa l'éclairaient en grêle malgache.

Ilote! oh! maigre lot! les pompes du soleil!
Pour donner aux oiseaux le signal de l'éveil
Voici la lune! sors donc en ouvrant ton ombrelle
De ce muscat, raisin en clocher de chapelle.
Le masque de Basile était un masque nègre
Blanc, le côté d'amour! l'autre côté vinaigre.

Les minutes sonnaient comme un timbre d'argent
La lingère étendait au loin des linges blancs
« Voici l'heure du rendez-vous! »
Chantait le chœur dans la coulisse
— Ce pantalon est à coulisse
Se disait Triboulet le fou.
Avec un sucrier d'argent,
Qui de pomme faisait l'office
Aux cannes d'un bonnet à poil, le fou blanchissait un [merlan
« Mes six enfants sont en nourrice.
— Ils ne sauraient être moins mal. »
Et les autos légers bougeaient au moindre vent.
Triboulet offrait tout pour avoir la lingère
Il saupoudrait le linge et sucrait les merlans
Mais le soir qu'elle faiblit le fou lui dit : « Va-t'en
— Quoi, disait Triboulet, on prend l'une après l'une. »
Il s'en alla jouer du clairon sur la dune
Et les petits marins penchés sur les goélettes
Croyaient entendre au loin Neptune et sa trompette.

ALLUSIONS ROMANTIQUES
A PROPOS DU MARDI-GRAS

Non, Monsieur Gambetta, Bolivar est parti
Nous avons vu son tube et son aérolithe
Sous le jet d'eau des becs Auer
Pierrot cascade et compagnon.
Trahison blouse au coin du quai
Ce soir je dîne à la maison.
La Seine a vu passer les rois qu'on guillotine.
L'horreur des nuits te guette aux impasses gothiques
Ta selle, ô bicyclette, est un masque en velours.
Le vent d'Est animait les loges de l'Amour.
Adieu! s'il faut mourir, Madame, écoutez-moi.
Les jupes et les cœurs descendaient jusqu'à terre
Et pour boire on levait un peu l'auriculaire
Ma vie est un tango, mon cœur un mélodrame
Le destin! halo de peur à Notre-Dame!
Fleuret! c'est un fleuret, non c'est une badine
Pardonnez-lui, Gérald, au nom de notre amour
Je ne veux plus de vos caresses
Ah! quand sortiras-tu des bagnes de l'amour.
Les femmes s'offraient comme de jeunes chiens.
Parfois, la Seine est infernale après minuit.
Allons! Monsieur de Belzébuth, je vous provoque.
Dégainons! je vous brise comme un œuf à la coque
Il faut que l'un de nous débarrasse le monde.
Il dit! puis ce fut l'immense ennui sans profil des nuits
[sans lune.

PAYSAGE

Nous autres, signons les papiers
Pendant qu'ils visiteront l'atelier
Le capitaine de marine dont la jambe bat la cloche
Arrive avec un bouquet d'aristoloches
Ma mère est affligée du mariage
A cause de la différence d'âge
Combien l'horizon, l'horizon des arbres
Est balafré; poussière de blés! rayons de sabres!
Pour se morfondre en conjectures
Sur notre ménage futur
Une vieille offre un miroir au vent
Et fixe des constellations sur le divan
Son cadeau de noces est
Un coffret de coquillages violets.
Les charrettes à malles autour de la maison
Commencent à rôder avec leurs monstrueuses cargaisons
Autour de la maison dans les vignes de la cour.
Il pleure dans tes bras
O ma fiancée, l'enfant de nos amours
Déjà!
La femme du matamore pour être spirituelle
Se déguise avec des fleurs artificielles.

Vous avez inventé que deux et deux font quatre
Votre mariage est fondé là-dessus
Je suis veuf et je crois au canard à trois pattes
        Pas de danger d'être cocu.

Mais cuissons à ma peau fut deux et deux font quatre
D'antidote antidate ont dit mithridaté
L'être ose m'en vanter, non de l'avoir été
        Pousse tard la troisième patte

Je veux, sangles à bœuf, mon Dieu, je veux ta grâce
Effort! sois couronné! Dieu, qui m'y faites asseoir
« Dites! qu'y gagnez-vous? — Je ne suis pas rapace.
        On demande un petit miroir. »

Bouche arabique à ta philosophie, ô Gange!
Il gave un péritoine ailé, celui de l'ange.
Il s'amuse, oublié en quelque Moravie,
Des jeux divers d'un mot ravi.

Sers d'un patient effort Apollon Musagète
        Sois bien avec les anges

Car ces juges sont de ceux que notre muse achète
        Par des chants de louanges

Le Paradis, s'il vous plaît.
Au poète enfant de paix
Le Pilori des enfers
Pour ta bonne et ton tailleur
Que tous ces gens batailleurs
S'aillent faire battre ailleurs.

Les beaux jambages que la mer écrit! et c'est
Et c'est pour toujours, pour toujours effacé,
Rien qu'un message et puis on rentre
On rentre, brouff! se battre le ventre —
La mer — comme l'eau d'un évier
Sans qu'aucun rocher rose ait pu la dévier.
La corvette a touché le ras des polypiers.
Va! rivalise à la course, ô lambeau de mer amère!
Des enfers la mer lance l'écume
Rivalise avec le soleil qui becquète le ciel vert
La corvette a touché, ô mer, les mystérieux polypiers
Mer! ah! que l'équipage est las de la manœuvre
Mer! offre ta feuille pure, tel un papier,
Aux galets en fête que tu ne peux charrier
La machine a des cris, les bras vains d'une pieuvre
Et trois vieux marins s'apprêtent à recuire
Le goéland mourant dont la chair est si dure
Ainsi quand mon esprit, etc...

Le renard au corbeau demande son fromage
Pour l'homme toute femme est d'abord un corbeau
Donc, ne soyez pas si fière de nos hommages
Le canapé des dieux est le même au bordeau.

Les habits tirés au cordeau
Et cette moustache en cordage!
Darwin assigne au paon les buts d'un tel plumage.

Il se peut qu'un moine astique
Des madrigaux sans ferveur
Cette exception monastique
En l'étant se donne tort.

Moi j'ai la main clouée au disque de la lune,
Eclaboussez, ô sang, les étoiles du ciel
Des anges, savez-vous, qui font les clairs de lune
L'un broda mon esprit avec de l'irréel,
Pour me descendre vers vous Dieu fit une échelle
Je ne suis pas assez long
Il y manque un échelon
Prêtez-moi vos ailes.

INVOCATION-VOCATION

Les plis des voiles sont des rimes
Or ceux de l'eau se désarriment
Les noms sortent en capitales
Sur les maisons des capitales
Et s'y collent c'est la réclame
Des nobles et fortes maisons
C'est aussi celle de nos âmes
Peintres chassés du Panthéon
O Muse, printemps spirituel
Par cette nuit de décembre
Ce n'est pas selon le rituel
Que je vous invoque en ma chambre.
Votre voyage sur la terre
Fait éclore des fleurs dans les serres
Il a fait rêver le marin
Qui voit vos pieds blancs sur l'embrun.
O m'approcher de ton lampadaire électrique
Muse! relever tes cheveux, Electre
Le rythme, l'endormir dans le sable du ciel.
Puis l'étaler aux pieds des dieux en arc-en-ciel
O! calme pensionnat des Muses à la lueur fumeuse des
[Etoiles.

ATLANTIDE

Entrouvre un continent plus jeune :
Nous aurons Eve après Bellone!
Un nouveau paysage sort de l'Océan :
Aux rochers pas encor de mousse
La première goutte de source
N'a pas encor mouillé le champ.
Un géant sur le haut de la tour Eiffel
— La lune est dans sa chevelure —
Rejette les enfants qui lui viennent du ciel
Afin de peupler la nature.
La tour du port, la nuit léchée par la tempête
C'est une corbeille de langues frisées
C'est tressé et la vague apporte ici les têtes
Des Eves pâles qui ont l'air de fuir.
On prépare le nouveau continent au Sacré-Cœur.
Un jeune homme a montré le modèle des maisons
Sur une estacade et les mains de Notre-Seigneur
Près de mon lit là-haut où sont les pèlerins en toute saison.
Il y en a qui se font des œufs sur le plat avec une lampe à alcool
Il y a un qui n'a que sa poitrine et son épaule
Il y a une paysanne bretonne.
Et le jeune homme est encore près de moi
Notre-Seigneur est nu dans le dortoir

Il donne ses mains percées
Le nouveau continent est une affaire de travail et de pensée
Et c'est au Sacré-Cœur que ça doit se passer.

LEON! LEON!

La paille dans les forêts bruit de pas
Mon gros cousin dans une chambre
Expliquez-moi! expliquez-moi!
Je n'ai pas le courage de mettre l'autre soulier.
Il n'y a de véritables adieux qu'en prison.
Dans les étoiles je vois des couronnes
Et des auréoles apocalyptiques pour des lièvres uraniens
Le feu dans le poêle de fonte hurle à la mort
Léon! Léon! c'est comme ça tous les soirs
Pattes de l'horloge supplices de mouches
Troupes dans les maisons, les pauvres, seuls dans les rues
Je planterai un clou dans ta main bras du fauteuil
Un clou dans l'autre main du fauteuil
Des clous dans tes pieds de plancher
Et je te frapperai impératrice Eudoxie.
Je ne peux pas vous empêcher
Est-ce qu'il pleut?
Les anges télégraphistes ont des casquettes bleu pâle.
Averroès! est-ce un héros? un héros est-ce Averroès?
Comment colorer ma faiblesse
Moi qui suis un homme au courant
Si ce n'est par ce mot charmant
Délicatesse!

A LA CHAUDIERE!

Toi, marchande animée, défiante, très affable
Ton voyage aux amygdales de l'enfer
Pour des motifs dont plusieurs sont inavouables
(Rappelle-toi l'artilleur du 24 juillet dernier).
Mécanicien tourneur entrée des modèles.
Veuillez voir à la caisse mademoiselle Adèle
L'idéal ris de veau pour lequel tu fautas
Te condamne à la circoncision posthume par téléphone
Chef ou cheffesse! tes fesses bues par le nitre
Tu cours oh! ne cours plus après le ris de veau
Ecorchement posthume du petit porc, Adèle!
Veuillez voir à la caisse; boîte de Mortadelle
Pieds truffés! brûlés vifs pendant l'Eternité
Mis en tisane, en boîte, en persil, en séné.
Là pas d'œil à monsieur le directeur de la Série
Pas de promesse à l'entrepreneur de la Scierie
Pas de frisure pour le Second de la Maison
Pas de protection du fils de la Maison.
Effroyable opération des vertèbres lombaires
On vous descendra dans les amygdales de l'Enfer.
Quoi! la plus belle, Adèle, à la Poubelle!
Le sort des femmes n'est pas douteux.
Ils ne sont pas bien frais vos œufs!
Arrête! il y a des arêtes à l'arrêt!

Je suis une personne honnête
Gare au fleuret pour qui me conterait fleurette
C'est bien! c'est bon! allez! madame Adam.
Mais prenez garde à vos dentelles
Le porte-monnaie de Satan
Est en peau de lombes femelle.

Aux astres descendu, lui que baisa la Muse
Les degrés du zodiaque abreuvent ses loisirs
Verbe équipé d'émail noir sur de la céruse
Le chiffre en son obscur grenier l'a fait moisir
Tu sais que la Voisin, la Locuste moderne
Attira Montespan, les dames de la cour.
Un abbé défroqué dit la messe aux lanternes
Pour dérober au roi le fruit de ses amours
Toi, bateleur, très ennuyé du doctorat,
Satan s'adresse à toi par la pluie et le vent
Prends ta corde à la lucarne, ô rat
Et te pends aux dépens de la philosophie
La cour en notre temps goûte peu les sofis
N'espère pas la cour au carreau de ce temple
Il faut à nos autos un garage plus ample
Que ta mansarde. Et ta philosophie! ô fi!
Donc, bateleur, très ennuyé du doctorat
Satan s'adresse à toi par le vent et la pluie
Prends ta corde, dit-il, à ta lucarne, ô rat
Et te pends pour avoir trahi la poésie!

LA MORT

Philatéliste, ombre et soleil
Degrés! bout de bottine.
L'ombre et la tête du lézard
Voyant le triomphal retour boulevard Malesherbes.
Non la pointue girouette efface
Laine les ongles.
Son nom pas encor dans le dictionnaire
Bout de bicorne académique.
Portail.

TROISIEME PARTIE

Madame la Dauphine
Fine, fine, fine, fine, fine, fine
Fine, fine, fine, fine.
Ne verra pas, ne verra pas le beau film
Qu'on y a fait tirer
— Les vers du nez —
Car on l'a mené en terre avec son premier-né
En terre et à Nanterre
Où elle est enterrée.

Quand un paysan de la Chine
Shin, Shin, Shin, Shin, Shin, Shin.
Veut avoir des primeurs
— Fruits mûrs —
Il va chez l'imprimeur
Ou bien chez sa voisine
Shin, Shin, Shin, Shin, Shin, Shin,
Tous les paysans de la Chine
Les avaient épiés
Pour leur mettre des bottines
Tine! tine!
Ils leur coupent les pieds.

M. le comte d'Artois
Est monté sur le toit
Faire un compte d'ardoise
Toi, toi, toi, toi,
Et voir par la lunette
Nette! nette! pour voir si la lune est
Plus grosse que le doigt.
Un vapeur et sa cargaison
Son, son, son, son, son, son,
Ont échoué contre la maison.
Son, son, son, son,
Chipons de la graisse d'oie
Doye, doye, doye,
Pour en faire des canons.

VILLONELLE

Dis-moi quelle fut la chanson
Que chantaient les belles sirènes
Pour faire pencher des trirèmes
Les Grecs qui lâchaient l'aviron.

Achille qui prit Troie, dit-on,
Dans un cheval bourré de son
Achille fut grand capitaine
Or, il fut pris par des chansons
Que chantaient des vierges hellènes
Dis-moi, Vénus, je t'en supplie
Ce qu'était cette mélodie

Un prisonnier dans sa prison
En fit une en Tripolitaine
Et si belle que sans rançon
On le rendit à sa marraine
Qui pleurait contre la cloison

Nausicaa à la fontaine
Pénélope en tissant la laine
Zeuxis peignant sur les maisons
Ont chanté la faridondaine!...
Et les chansons des échansons?

Echos d'échos des longues plaines
Et les chansons des émigrants!
Où sont les refrains d'autres temps
Que l'on a chanté tant et tant?
Où sont les filles aux belles dents
Qui l'amour par les chants retiennent?
Et mes chansons? qu'il m'en souvienne!

REFLEXION D'UN AUTEUR INEDIT

Office : Travail facile à faire chez soi.

Ah! qu'on me le vende à l'encan
Tout ce que mon cerveau découpe
Au lieu d'en écailler mon sang
Je le porterais en chaloupe.

Je suis facile à satisfaire
Ce devant quoi passe mon temps
— Dit la clientèle à Figuière —
Sans escompte on paie en sortant.

« Quoi! tant d'idées en un roman! »
Dit un auteur qui désespère
— Chez notre grand apocrisiaire
On t'imprime et mieux on te vend!

Drame à signer pour millionnaire
Ou simples sonnets pour amant
Si tu n'as pas assez d'argent
L'éditeur en fait son affaire.

Et moi qui huilais ma machine
Moi qui taillais dans mon cerveau
Des bas-reliefs, des hauts-fourneaux
Qui peignais comme on peint en Chine.

Rien qu'une course en fiacre à faire.
— Ah! j'ai justement votre affaire.
Un vaudeville! six cents francs
Payables à tempérament.

VERITABLE PETIT ORCHESTRE

(PARTIE DESCRIPTIVE)

Houlettes du Grésivaudan
Sur le sol glacé des prairies
Les souliers mordorés près des fleuves
Rochers ou les barquettes des bergers

(PARTIE MUSICALE)

Saint sein! vive le rein!
Vive le vin divin du Rhin
Où Chio? ou Ténédo? louez l'Ohio.
Point! Point! Point!
L'auto miaule, pioupiou piaule
Marabout l'allume
L'allume à la lune.
Je vais faire la niche
La niche aux péniches
Point! Point! Point!
Bout des coussins des marsouins.
Point! Point! Point!
Pape! papal! pape alors à l'or.
Elie! Allah! Alain!

Tiens! il neige! zut.
Le rat pose beaucoup de plumes.

(PARTIE PHILOSOPHIQUE)

Unanime j'aime et rôde
Nature sous la neige imperturbable
L'habitude du danger rend les hommes prudents et les
[femmes téméraires.

MUSIQUE ACIDULEE

Boum! Dame! Amsterdam.
Barège n'est pas Baume-les-Dames!
Papa n'est pas là!
L'ipéca du rat n'est pas du chocolat.
Gros lot du Congo? oh! le beau Limpopo!
Port du mort, il sort de l'or *(bis)*.
Clair de mer de verre de terre
Rage, mage, déménage
Du fromage où tu nages
Papa n'est pas là.
L'ipéca du Maradjah de Nepala.
Pipi, j'ai envie
Hi! faut y l'dire ici.
Vrai? Vrai?

A MON BEAU-FRERE

Des jours passés à te traduire, Epitomé...
Cinq heures! le piano! romance de Thomé!
Le dîner grave et lent : « Es-tu content de toi?
— Il ne le críera pas, mon père, sur le toit
Qu'il m'a griffé la langue et m'a mordu la manche
— Tu seras privé d'automobile dimanche!
Mordre sa sœur encore à treize ans! à cet âge! »
Et le collégien pleurait dans son fromage.

Beau frère! tu verras sous toi grandir ton fils
Sois tendre! la raison trouve toujours son fil
Mais c'est dans la bonté que le vrai jette l'ancre
Apprenons à aimer pour nous apprendre à vaincre.
Mon père du pardon avait tant l'habitude
Que son être au pardon empruntait l'attitude.
Sois indulgent, beau frère, et quand de chambre en [chambre
Ton jeune fils poursuivra la femme de chambre,
Grâce pour les ardeurs de Robert mon filleul
Au nom du souvenir clément de son aïeul.
Et toi, lecteur! pardonne-moi, triste apprenti,
Si la musique et l'art par mes vers sont trahis.
Poète de trente ans, le cygne de ma lyre
M'ensemence de blanc sans que je sache écrire.

LE TESTAMENT DE LA BICHE

Quelle forêt, poudre de rose!
Le ciel est couleur de vin blanc.
Et sur le ciel vin blanc se pose
Chaque branche comme un cheveu.
C'est comme s'il n'y avait jamais eu de vent.
Comme si tout était parent
Fille ou neveu.
Comme si les arbres montaient à cheval frère à frère
Ainsi sur une estrade les vaches se font traire.
Et aussi comme si avec des chiffres de millions
On faisait difficilement une division
Ainsi vont les arbres feuillus, roses dans l'air.
Aubade! Aubade! ô faon né du flanc de la mère
La biche est morte en te mettant sur terre
Et tes yeux, deux boules de jais, des yeux de verre
Sont moins émerveillés par la forêt en l'air
Que par la patte agonisante
Qui se pose sur un papier à lettres.
Le papier à en-tête de la maman
« Ceci! ceci est! ceci est mon testament. »

METAMORPHOSE ABSURDE

La gourde en osier comme mille fleurs jaunes et le gobelet
Où est le vin, sang du Christ.
La gourde en osier changée en valise
La poche en osier qui s'envolera
La poche en osier pointue des deux bouts
Elle s'envole et ne tient pas debout.
Voici la terrasse, balcon rue Saint-Denis
Le marchand : bazar, filets à papillons
Boîtes à pétrole, tout sur le balcon.
Passe l'aviateur dedans la valise
Il est enfermé dans la grande gourde
« Ouvrez-moi! ouvrez! — D'où venez-vous donc?
— Comme caporal je partis en guerre,
Je partis en guerre. Je suis général!
— Vous avez crevé ces filets à papillons,
Vous avez dérangé ma batterie de cuisine,
Il y a trois cents francs de réparations! »

LA SULTANE EXILEE

Diadème des tilleuls! les platanes maussades oh!
Les tilleuls! oh!
Les sureaux
L'orchestre de Hongrois — mazurke et varsovienne —
Fier du Sénégalais qui rit à la persienne
Redouble, s'alanguit, pleure et redouble encore
La femme du sultan prisonnier de Lahore
Est en villégiature à Royat du Mont-Dore.
Ordre de nos gouvernants
Pour attirer les Musulmans
Matari, c'est ainsi qu'on nomme l'exilée
Des sultans de Lahor portera la livrée
La sultane est bien triste
Elle envie les touristes
Ne pouvoir avec l'amant des casinos
S'égarer dans le bois pour chasser les moineaux
Sans laisser des lambeaux étoilés de ses pagnes
Aux orties des chemins, aux ronces des campagnes
Mais la reine arriva la reine du Congo
Et ce lui fut une compagne.

I

La colline de l'Occident est fraîche et pure
Merci à vous qui m'avez regardé avec confiance
Mon char de guerre, hélas! est un char d'ambulance
Et mes tambours sont détendus par la souffrance
La colline de l'Occident est fraîche et pure.

Mes règlements de tir sont flétris par les larmes
Mes bronzes sont fêlés par les mauvais serments
Oui! mes pleurs ont rouillé, rouillé mes belles armes.
Ah! je te voue à l'ombre des lunes
Royaume des batailles!... si tu n'étais plus!...

— Les floraisons parfumées n'attirent pas le petit oiseau [vert
— La colline de l'Occident est fraîche et pure
Allons laver nos linges et vendre nos charpentes
La cigale est morte il faut la manger.
Je n'aurai plus dans l'âme que des articles de vente.
Je sors de l'Océan vermeil comme un fruit mûr
Les floraisons parfumées n'attirent plus le petit oiseau [vert.

Un soir d'orage
Si chaud, si lourd, si sage
Ah! va, malgré ta glose et tes airs de combat
Tu n'as que l'air des tout petits enfants qu'on bat.

II

Les floraisons parfumées n'attirent plus le petit oiseau vert
La colline de l'Occident est fraîche et pure
        Madame ma mère, madame ma mère
        Du vaisseau-amiral, j'aperçois la bannière.
Il n'avait pas achevé ses études
Qu'il était édenté comme le bord d'une étuve
        Madame ma mère, madame ma mère
        Donnez-moi votre main
        Je me suis trompé de chemin.
Trois sous dans une écuelle qu'il avait à la main
Il avait des mains de couturière
Enflées et pareilles à des pierres
Il avait une figure de rougeole
Des yeux qui clignent et qui volent.
        Le voici sur une selle doublée d'étamine
        Son cheval a bonne mine.
Madame ma mère, les nuages nocturnes sont avancés
Le brouillard se dissipe avec des trous d'acier
Sur la selle est un homard qui broie
La doublure de son pardessus de soie
Les floraisons parfumées n'attirent plus le petit oiseau
[vert.

Voici l'ancienne ingénue
Au nez carré tout au bout
Arbres et monts sur les nues
Deux chiens courent après nous.

Sa fille qu'elle veut vendre
N'est que bonne et non pas entre
Cour et jardin. Dites-moi
Comme on présente au bourgeois
La mère? Fille-mère? la fille?
La mère? comme fille-mère? la mère?
La fille comme fille ou mère?

Certain docteur morphinomane
Chauve et vraiment comme il faut
Apprend à ces quadrumanes
Les secrets qui rendent beau

Un tramway mène à la montagne
Ceci se passe à la campagne.
Les deux chiens domestiqués
Quand ils seront astiqués

Ils vaudront bien deux mille.
Le docteur est un vicieux.
Pitié pour la Madeleine, mais
Non pour les avaricieux.

Il pleurait sur son infortune
Il désirait avoir la lune
Il pleurait et disait : « Hélas!
Si l'on savait comme je suis las. »

Tandis qu'à chercher sa pantoufle
Le gros fils du gros roi s'essouffle.
J'aime le Christ et je le prie
De l'aimer pendant cette vie.

Je veux que des esprits nouveaux
Adorent enfin mon plumage
Et qu'ils dorent d'un beau nuage
Les ailes de ma tête de veau.

Sommeil! soleil! prends les persiennes
Le tapis rouge éteint les pas
Tu peux dormir jusqu'à ce qu'ils viennent.
Le canapé de la princesse étend son velours incarnat
Giramor dit : « J'ai vu votre doux fils, madame!
        — Où donc?
— La chair en fleur de Cupidon!
Il se roulait sur votre malle
Il avait baudrier, c'était une guirlande
Point d'arc, l'air naïf et mutin
Puis là, sur le dossier, à portée de la main
Il s'allongea comme une offrande.
Pendant que vous parliez
Il admirait votre sourire perlier
Je l'ai vu qui jouait avec vos cheveux noirs.
Le prince dit : « Moi, je le sais dans la maison
Vous avez donc les yeux de l'esprit pour le voir
Cupidon nuptial est notre compagnon
Tandis que le Bottin professe
Le divorce de nos altesses. »

LA MARATRE MODERNE

Le cimetière ne voudra plus d'elle
Que moi, le vieux, j'en voudrais encore
Elle souhaite ma mort
Pour ne plus me voir!
Elle dit qu'elle fera jeter mon corps à la voirie
Sans mentir
Oui! sans m'enterrer!
L'aîné de mes garçons me disait : « Père, attends
Que nous t'ayons quitté avec nos vingt ans
Pour prendre en légitime cette femme interlope
Cette ancienne donzelle, ce despote! »
Ma seconde femme veut qu'on soit amoureux d'elle!
Elle n'était pas plutôt entrée dans le logis
Qu'elle excitait le plus petit!
L'enfant fit sa malle pour le pays berbère
Afin de résister à sa seconde mère!
Alors ce fut l'aîné qu'elle enragea
Lui, dans les aviateurs militaires, s'engagea.
Elle me trompe chez mon cocher
Sa main bat plus que son cœur : un rocher.
Et moi je la regarde avec couardise
Sans penser même à lui donner un coup hardi.

PETITE VILLE ANGLAISE LE DIMANCHE

à Georges Gabory.

Sur l'antique fronton d'un antique bazar
On s'avise d'un nom *Company Balthazar*.
Sur la glace des rues glissent des messieurs veufs,
Les trottoirs rasés de la veille sont neufs.
On regrette que les enfants ne soient pas blonds le
[dimanche
On les trempe dans la farine par la jambe ou par la
[manche,
On en blesse certains dans la chevelure
On y mêle des doigts de pied
Jusque dans la figure
Les mères sont pareilles à des tulipiers
Et leurs demoiselles pareilles à des tulipes.
Les vaisseaux pavoisés battent de l'aile au port
Je n'ai plus de passion si ce n'est pour la pipe
(Ce n'est pas vrai!)
Auberge de ce jour où l'eau même s'endort
Ton spleen hyperbolique
Me rendrait alcoolique.
Nul marin sur les mâts dont les croix sont des tiges
Aux dames escogriffes ne donne le vertige.
Moi d'abord : triste échalas

Qui fais étalage de cet état là,
Le ciel en cône, bocal, prison des anges!
O mes rêves! glissez au sommet des fleurettes.
Châteaux décrits, écrits, arcs-en-ciel d'insectes,
De ma tête dans l'herbe le regard oblique vous guette!
Lambris, nombrils, verdure
Où la terre met le nez dans sa fourrure
Teints du sang du soleil c'est celui de mon cœur.
Le frêle florentin de la carte postale
Porte au cœur un tambour qui bat la générale
Mais moi le receveur des impôts indirects
J'ai la tête un dimanche au niveau des insectes
Le soleil incendie ma nappe de chemise
Ce matin j'ai prié trois heures à l'église
Est-ce que je dors ou si je veille
Il y a un violon quelque part
Trois arbres qui voudraient danser, la mer approche son
Moi j'ai le ciel bleu pour miroir. [oreille
C'est la cour de Marie qui le tient à deux mains
Des prophètes, des rois, des saints clairs et des anges
La méridienne, Greenwich et sous ton méridien
Donnez-nous aujourd'hui notre pain quotidien.

INVITATION AU VOYAGE

à Louis Bergerot.

Les trains! Les trains par les tunnels étreints
Ont fait de ces cabarets roses
Où les tziganes vont leur train
Les tziganes aux valses roses
Des îles chastes de boulingrins.

Il passe sur automobiles
Il passe de fragiles rentières
Comme sacs à loto mobiles.
Vers des parcs aux doux ombrages
Je t'invite ma chère Elise.
Elise! je t'invite au voyage
Vers ces palais de Venise.

Pour cueillir des fleurs aux rameaux
Nous déposerons nos vélos
Devant les armures hostiles
Des grillages modern-style
Nous déposerons nos machines
Pour les décorer d'aubépine

Nous regarderons couler l'eau
En buvant des menthes à l'eau.

Peut-être que sexagénaires
Nous suivrons un jour ces rivières
Dans d'écarlates automates
Dont nous serons propriétaires!
Mais en ces avenirs trop lents
Les chevaux des Panhard
Ne seront-ils volants?

A vendre : quatre véritables déserts
A proximité du chemin de fer,
S'adresser au propriétaire-notaire
M. Chocarneau,
18, boulevard Carnot.

Ecrit en 1903.

FETE

L'ordre de l'arc-en-ciel pour décorer la nuit
Palais en diamants de vertèbres lombaires
J'étais à bord de son étage empli de fête
Et les femmes montraient à table leur ennui.
Il y en avait cinq parées comme des serres
Dont les yeux noirs brillaient regrettant le dessert
Et pour chaque arrivant elles tournaient la tête.
La terrasse était couleur de feu d'artifice
Et pleine de danseurs, de duellistes de feu.
Dans les chambres étaient des divans somptueux
Où des gens déguisés attendaient l'impossible
Les Indous s'incarnent des pierres dans la peau
Il n'y a pas mieux qu'eux pour la bonne aventure.
« Montrez vos ongles! — Hélas! ils ne sont pas très beaux!
Et les lignes des mains sont d'un triste futur. »
Ailleurs on dansait la danse des ongles sans remuer
Et les mains oscillaient comme des étoiles.
Je dis à la sibylle : « Vous êtes une merveille!
Vous m'avez énuméré mes peines à merveille. »
Deux héros de Balzac à dos de batraciens
Qui passaient dans mon dos quand on lisait ma main,
Me dirent : « Dans ton lit, tu n'y toucherais pas! »

FETE

O gérant du Rat Mort par l'œuf dur engraissé!
Les fioles de Sherry Brandy qu'on n'a jamais pu déboucher
le dvorak, les menthes, les byrrh
qu'on ne voulut pas déloger de leurs buires
te font, ô gérant, réfléchir.
Sur votre vaste dos, chauffeurs que l'ennui ronge
Sur maints chapeaux fleuris de dames alcooliques
le grand paysage vert du billard se prolonge.
Au dehors, l'auto rit à mourir de colique
Le cadre du damier figure un cimetière
dont les vingt-sept dominos seraient l'ossuaire
et les marbres des tables
sont des grèves de sables.
Ah! que l'aurore, buveurs lyriques,
et tziganes coquets, vous rend mélancoliques!
Or, vous chantez, moineaux de la place Pigalle
chantez l'aurore, l'aurore pâle
et vous aussi sur les chapeaux en vert de gris
Chantez aussi, chantez, poussins aux yeux de verre
Poussins d'oiseaux de Paradis
Cui-cui!
Voulez-vous bien vous taire!

LES PURS ARTISTES
ACHETENT DES AUTOS

Christophe Colomb, c'est Vespuce qui prit ta gloire au
Gloire d'avoir fait mille esclaves [ponant
Qu'on vendit aux Catalans
Approuvé par le conclave
Mais non par le firmament.

Las Casas, auteur sévère
Affirme péremptoirement
Que Colomb sur ses galères
Ne rêvait qu'or et qu'argent
Et ceci le désespère.
Nous en jugeons autrement.

Ah! que nous nous régalions
Au port de ces galions.

Les navires emportaient tous les soleils couchants
Et Colomb s'en allait rechercher dans les Indes
Les cailloux qui portaient le soleil dans leurs flancs.
Il dédiait ses trésors à Marie Rosalinde
Et vouait sa fortune aux églises de marbre.
Les étoiles piquaient déjà les branches d'arbre.
Cabral depuis longtemps abordait au Brésil

Et Colomb de Cuba ne pouvait doubler l'île.
Deux milliers de perdrix ont suivi le bateau.
Empereur, prends-en deux et laisse aller les autres.
Les perdrix se posaient sur les arbres le soir.
Et s'éveillaient avec le voyageur transi.
J'ai mes perdrix aussi, ce sont les âmes mortes
Qui colorent mon âme en vert, en jaune, en gris
Qui me disent s'il faut que j'entre ou que je sorte
Que je prenne l'épée, que je tende la main.
Que je serve l'amour ou l'art en mon chemin
J'ai mes trésors aussi qui sont en Amérique
Et qu'aveugle insensé je m'en vais poursuivant
Fier de ma solitude, explorateur aimant.

POUR HUIT HEURES DU MATIN

La lettre n'avait pas le cachet du bureau
De poste et sans l'intérieur on n'aurait su
si venait de Sirius ou bien de Landerneau,
de Pamiers, de Vervins, de Nogent sur la Vire
ce pli mystérieux qu'on hésite à ouvrir
et qui ne fut d'ailleurs qu'un simple prospectus.

POUR NEUF HEURES

Messe! oraison! prière
Songeons à notre heure dernière!
En vérité je te le dis
tu n'iras pas au Paradis
Mais bien plutôt dans les Enfers
si ta poitrine reste en fer,
si tu songes à la poésie
au lieu de suivre pieusement
l'hommage que l'on sert au Très Saint-Sacre-
[ment.

POUR DIX HEURES

Lettre! ô madame, je n'irai pas
à ces délices, ces repas
que m'offre votre honorée du douze
courant
Solitude ô pénitence douce.
Madame, loin des falbalas
(Excusez) me voici courant.

POUR ONZE HEURES

Par delà boulevards fuyons
Fuyons jusques en Castalie
j'emporte tout le Panthéon
dont ma cervelle est nourrie
J'évite un hôte peu chéri.
Par delà boulevards fuyons.

DE QUELQUES INVITATIONS

Mon confrère Malfilâtre,
Vers divers jeux de loto
Dis-moi pourquoi tu fuis l'âtre
Puisqu'on te guette au ghetto.

Il paraît qu'au téléphone
On n'entend plus que mon nom!
Je voudrais qu'il fût aphone,
S'en servît Agamemnon!

Plaise à celui qu'Antipode
Invite dans ses festins
Dire ce mot « lycopode »
Pour conjurer le destin!

N'étalons, ô mes chaussures,
Nos talents dans les salons!
Je n'ai pas plus de voitures
Que vous n'avez de talons.

Brandis fort au belvédère
Ton instrument opticien!

C'est pour fuir par derrière
Le messager quotidien.

Et si dans une gouttière
Le moineau se trouvait pris,
Agrafez la jarretière
Ce qui signifie mépris.

Quoi! le diable est sous la nappe
Et mon cœur est le marteau
Dont il se sert quand il frappe
Pour me séparer de l'eau.

JOUER DU BUGLE

Les trois dames qui jouent du bugle
Tard dans leur salle de bains
Ont pour maître un certain mufle
Qui n'est là que le matin.

L'enfant blond qui prend des crabes
Des crabes avec la main
Ne dit pas une syllabe
C'est un fils adultérin.

Trois mères pour cet enfant chauve
Une seule suffisait bien.
Le père est nabab, mais pauvre.
Il le traite comme un chien.

(SIGNATURE)

Cœur des Muses, tu m'aveugles
C'est moi qu'on voit jouer du bugle
Au pont d'Iéna le dimanche
Un écriteau sur la manche.

MADAME X...

Tant bayadères sont tes hanches
Et tes manches,
        Tant peu sages
Tes crabotages de corsage,
        Sur le nu
Ton dentellier tant fendu,
Que si ton chapeau fleuri
        Ne dit oui
Au moins rien jusqu'au chignon
        N'a dit non.

LE BAL MASQUE

Le cristal des buffets en style télégraphique
Se plaint de tes baisers, foule qui le recherche
Glace, lune, les glaces magnifiques
L'abeille des violoncelles y perche
Glace, lune, au foyer de la foule électrique
— Tapis brodé de tigres, — Scapin chanteur, sa trique
Glace, lune, les glaces où luttent
Les grâces des flûtes grasses, les luths.
En ce bal posthume
La foule s'exaspère de n'avoir pas crevé son aposthume
Elle est impertinente. Si peu lui chaut
Le lustre, idéal artichaut
Et qui parle du pôle aux fresques du plafond...
... Dans le goût de Watteau, des animaux au fond
Et des bateaux légers sur des pins parasols.
(Pins, verdure, à jamais rimeront à Guignol)
Voici Félix et Félicie félicitant la Phénicie
Avec la toque haute la Perse est en velours
Avec la robe longue colorée de vautours.
Les filles d'Actéon et de la Rêverie
Au travers d'Eurotas t'appellent : « Guastalla! »
Et la Grecque Pallas s'installe près d'Allah.
        Aliéné l'habit d'écarlate
        Par un marchand d'occasions

Sosie le sot devient tomate
Qui fut pâle comme un oignon
Dame Sosie de mâle rage
Pleure en pleurs à tel faux balcon
On ne sait lequel est moins sage
De la perruque ou du chignon.
Léandre est en soldat, Daphnis en escarbot
L'anxieuse Dorimène en cendrier de verre
Le berger revenu de la montagne claire
Casse des noix sur le parquet de son sabot
Tu brouillais, Aristarque, le tric-trac des quadrilles
Par ton maillot ridé quadrillé d'espadrilles.
Masséna! Masséna! le tailleur de Louis quinze
Coppélia! Coppélia! danseuse de province.
« Je crois que ça prend
« Ça me surprend!
« La mésaventure est rare
« Je vous offre un peu de caviar
« Ça se mange avec un cure-dent! »
Les danseurs enseignaient à la foule apostume
L'amour de la géographie par le costume
Les pires venus des Pyrénées,
D'Epire! les minarets de Bénarès
Les chapeaux et les braies du pays calabrais
Et les manches pareilles à des chevaux cabrés
Casques à repasser, vainqueurs à Salamine
Les masques d'un seul nez et de mauvaise mine.

PERSONNAGES DU BAL MASQUE

HAUTE VIEILLE A L'AIGLE

Rosée brillant sur toile d'araignée.
Larme de joie de ta face baignée
        Haute vieille à l'aigle
Corniche à mousse en l'air du monument
Ainsi la lèvre est sur les neuves dents
        Haute vieille à l'aigle.

PERSONNAGES DU BAL MASQUE

MARSUPIAUX

Un peu de camomille,
Lui dit sa fille,
Ou du tilleul?
Lui dit l'aïeul.
— Chéries! vous m'obsédez! non! non!
Pas de coton!
Suis-je une femme ou un garçon?
        Depuis que Matamore
        Est mort
        C'est Marsupiau
        Qu'est dans sa piau.
Jamais de pellicule à ses cheveux bouclés
Le couteau à papier lui servirait de clef
Pour percer tes dossiers, procès du genre humain
Les yeux ont prévenu le travail de la main.
Il n'a jamais pâmé, ni penché, ni péché.
Des goûts exquis, pas de fatigue
Il marche comme une sarigue
On lui voudrait la lance comme au chasseur
La lance? lorsqu'il conduit le bébé de sa sœur?

Honneurs, argent (pas trop) places qu'un autre envie
Bien qu'il dît autrefois : « Moi! Jamais de la vie! »
Il a tout sauf ce qu'il cherche en vain : le danger!
Je ne l'ai jamais vu ni boire ni manger.
Précis dans ses propos, terrible ou plaisantant,
Cet ange de la guerre est pasteur protestant,
Depuis que Matamore
Est mort
C'est Marsupiau
Qu'est dans sa piau.

AUTRES PERSONNAGES DU BAL MASQUE

SERENADE

J'ai le dos rond, barbe frisant les guêtres
Point de fessier, voilà ton amoureux
Ululant sous les virgiles résédas de tes fenêtres
Demoiselle de l'entresol aux gants de filet bleu.
Chez toi quand l'horloge sonne
Il en sort un roi sur un rouet
Il a cinq pointes à sa couronne
C'est ton blason, j'en suis blasé
L'ombre du corail bleu ou la pâle améthyste
Les cils d'une fougère
Séparaient la vitre indécise
De la lumière
La fenêtre : un cigare au coin de l'univers.

Craque le silence ou dort sa beauté
Chandelle fidèle d'infidélité
Certaine espérance m'y parle en secret
Les gens de Pampelune
Cherchent dans la lune
Moi je mets un bécarre près de mon cœur
C'est la ligne de flottaison

De la mare et des étoiles
A la maison
Tes souliers t'auraient fait moins mal
La porte intérieure du monde
Est une obscénité
Je suis comme un cheval qui tremble
De la bride à la peau
Parce que l'amazone porte un oursin.

AUTRES PERSONNAGES DU BAL MASQUE

EN FAMILLE

Nous ne sommes plus de petites filles
Il faut bien apprendre à faire les chapeaux
Et toi-même, frère?... Ah! le décepteur!
Laissez-moi, ma mère! il faut le lui dire.
Je lèverai l'œil en haut de la table.
N'as-tu pas cinq doigts comme nous tes sœurs?
N'as-tu pas cinq membres en comptant la tête?
N'as-tu pas cinq sens, la vue et le goût,
L'odorat, l'ouïe? La mère essayait...
En haut de la table où ils étaient quatre
La mère en rêvant regardait ses bagues.

Que la table est grande! c'est le Jour des Morts
La salle est brillante, le jour n'est pas blanc
Une étoile est sur votre frère aîné.

PERSONNAGES DU BAL MASQUE

MALVINA

Voilà qui j'espère vous effraie
Mademoiselle Malvina ne quitte plus son éventail
Depuis qu'elle est morte.
Son gant gris perle est étoilé d'or.
Elle se tirebouchonne comme une valse tzigane
Elle vient mourir d'amour à ta porte
Près du grès où l'on met les cannes.
Disons qu'elle est morte du diabète
Morte du gros parfum qui lui penchait le cou.
Oh! l'honnête animal! si chaste et si peu fou!
Moins gourmet que gourmande elle était de sang-lourd
Agrégé ès lettres et chargée de cours
C'était en chapeau haut qu'on lui faisait la cour
Or, on ne l'aurait eue qu'à la méthode hussarde
Malvina, ô fantôme, que Dieu te garde!

AUTRES PERSONNAGES DU BAL MASQUE

Tumulte de chevaux, guerre du mikado
Eglantine sur fond d'or
C'est peut-être un cadeau
De mon dernier amant
Il se pend à mon bras
Il m'aime étonnamment
Viol, viole, violon, je suis l'ultra-violet
Je pars pour Chicago
Je me meurs en voiture.

AUTRES PERSONNAGES DU BAL MASQUE

LA DAME AVEUGLE

La dame aveugle dont les yeux saignent choisit ses mots
Elle ne parle à personne de ses maux

Elle a des cheveux pareils à la mousse
Elle porte des bijoux et des pierreries rousses.

La dame grasse et aveugle dont les yeux saignent
Ecrit des lettres polies avec marges et interlignes

Elle prend garde aux plis de sa robe de peluche
Et s'efforce de faire quelque chose de plus

Et si je ne mentionne pas son beau-frère
C'est qu'ici ce jeune homme n'est pas en honneur

Car il s'enivre et fait s'enivrer l'aveugle
Qui rit, qui rit alors et beugle.

AUTRES PERSONNAGES DU BAL MASQUE

Réparateur perclus de vieux automobiles
L'anachorète hélas a regagné son nid
Par ma barbe je suis trop vieillard pour Paris
L'angle de tes maisons m'entre dans les chevilles
Mon gilet quadrillé a, dit-on, l'air étrusque
Et mon chapeau marron va mal avec mes frusques
Avis! c'est un placard qu'on a mis sur ma porte
Dans ce logis tout sent la peau de chèvre morte.

DERNIERE PARTIE

ARC-EN-CIEL

C'était l'heure où la nuit fait gémir les montagnes
Les rochers noirs craquaient du pas des animaux,
Les oiseaux s'envolaient des sinistres campagnes
Pour approcher la mer, un meilleur horizon.
Le diable poursuivait un poète en ce temps.
Le poète fixait la mer comme une mort
Car la mer en ce lieu poudrait le cap d'une anse
Et la mer écaillait la peau des rocs immenses.
Mais Jésus, rayonnant de feu derrière la tête,
Portant la croix, vint à monter des rochers noirs.
Le poète a tendu les bras vers le Sauveur
Alors tout s'effaça : la nuit sombre et les bêtes.
Le poète a suivi le Dieu pour son bonheur.

CIEL ET TERRE

Je vois l'amour dans le regard des anges
Je vois le ciel dans le regard de Dieu.
Sans coloris seulement en nuances.
Sans gestes nets des gestes dans les yeux.
Je vois au ciel plus de lentes tendresses
        Que de splendeurs.
Moins de clairons, de joie et de liesses
        Que de douceurs.
Non! Je ne veux point d'or, point de couronne
        Au front divin
Point de manteau dont la richesse étonne
        De sceptre en main.
J'entends l'amour dans le bruit des musiques.
L'amour unit le chœur des chers élus.
L'air amoureux par un effet magique
Soutient des saints le cortège confus
Le Corps Sacré du Seigneur Notre Père
Est très mignon, mais fort et bien portant.
Il pense à tous, les morts et les vivants
Aucun souci pourtant sur ce visage
Plus éclairé qu'une aurore au printemps.
Or, pendant que j'écris en ces jours de novembre
Chacun vit enfermé dans sa laideur et dans sa chambre
Sous la voûte des murs que perce le soleil

Dans sa bêtise et sa laideur et dans sa dureté.
La mort a visité l'hôpital du faubourg
Sous les traits d'un vieillard qui désigne les lits.
Le pauvre est sans espoir et le riche a l'ennui
Le marin sans secours, le soldat sans abri.
La joie cache la haine et la haine l'envie.
Voici l'affolement et l'horrible plaisir
Voici le désespoir, l'alcool et le désir!
Et le vrombissement des machines de fer
Semble le cri d'un monde qui ressemble à l'enfer.
Le Seigneur aux humains signifie sa lumière
Chacun de nous du ciel a l'image en son cœur.
Il peut le conquérir avant l'heure dernière.
Et trouver en son Dieu la Paix et le bonheur.
Espérons! espérons en sa miséricorde
A qui sait demander le Seigneur dit : « J'accorde! »
Le Seigneur à la fois donne épreuve et salut
Il nous fait concevoir le bonheur des élus
Pour qu'à le mériter nous mettions plus de zèle
Aimons-nous! Aimons Dieu! Et l'amour a des ailes.

RENAISSANCE DE L'ESPRIT RELIGIEUX

C'est pas boulonné comme un pont en fer, les églises.
Il faut la permission de Jésus-Christ pour que ça se [détruise.
        C'est un objet en améthyste
        Et en saphir bleu
        Dont l'entrepreneur de bâtisse
        Est le fils de Dieu.
C'est gardé par certains anges policiers très fins
On dirait des candélabres, c'est des séraphins.
Quels agrès parent leur cher jeu?
Qui donc équipa leurs cierges?

Ça repose sur des choses roses
Qui n'ont l'air de rien,
Et tu ne peux, même si tu l'oses,
Y mettre la main.

Des plans du futur les patriarches sont mandataires
Ils y passeront toute l'éternité, Dieu les regarde faire.
N'aie donc pas peur, pauvre terre,
On travaille pour toi.
Il y a des génies planétaires
Au-dessus des toits.

L'Eglise est penchée sur la terre
Pour nous soulager dans nos guerres;
Elle est suivie par les infirmières,
Les paysans et les débonnaires.

Déjà, bien avant Jésus-Christ,
Les oracles perdaient leur crédit.
Diagoras et Cicéron,
Xénophane de Colophon
Récusent
Les ventres des poulets où jouent les Elohim.
Votre livre des Papes, calabrais Joachim
Et tes lyriques centuries Nostradamus
Les sages s'en moquaient, la science les dénonce.
Le grand Art des Toscans revient avec le nonce.
Jubilé! jubilé de la nubilité.
Mon enfant, montre-nous ta sopranilité.
L'Ararat monopolise les cris de l'Electricité.

Le pavé de la Capitale
Est tout lavé d'apparitions.
Au « filet de sole » une étoile
Fit lâcher un plat de poissons.
Campagne, ô ma verte promise.
Bois de Boulógne, nouvelle église,
Qui de mes vers sera l'éternelle fiancée
Près du lac, œil si contrefait
Que Phébus recule à le voir
Et préfère les Ninivites qui s'obsèdent sur les trottoirs;
Sur un arbre en forme de croix,
Un garde a vu Jésus lui-même,
Et, prêt à mourir pour la Foi,
C'est à Charenton qu'on le mène.
Un ange vient qui le délivre.

Au Bon Marché, grand magasin,
— Tout s'y vend, excepté mes livres —
Les gens venus là pour rien.
Ceux qui sont venus pour emplettes,
Sans qu'on les en pût empêcher,
Sont à genoux devant l'apparition céleste.
Ils reçoivent la rémission de leurs péchés.

Une dame a vu Dieu pendant qu'elle était au bain,
Elle a sonné pour qu'on aille chercher le médecin.
Ortiz de Sarate, qui est un bon peintre,
A vu Dieu comme un triangle dans un cintre,
L'imagier-poète nommé Georges Delaw
A vu Dieu au ventre avec une barbe slave.

Et moi qui suis plus bête que le gardien du bois,
Je vous jure, ô mon Dieu, d'observer vos lois,
Car j'ai vu votre Auguste Face et votre robe.
Au devoir de le déclarer que jamais je ne me dérobe!
Et toi qui sens mes larmes au travers de ces lignes,
Songe que de la Vérité elles sont les signes.
Démon! démon! que tu me navres.

Sachez! l'Amalécite est mort,
Nous avons veillé son cadavre,
Tout fiers d'avoir atteint le port.

Micomusa, l'ornithologue
Et l'éphèbe paillard et gourmand
Qui nous disait des monologues
Furent bénis aux Quatre-Temps.

A l'aube, hier, quai de Grenelle,
Un cheval et son cavalier
Se sont cabrés, droits sur la selle
Voyant au ciel un bouclier.

Président de la République,
Quel beau titre as-tu hérité!
L'auto de vérité s'oblique,
Hérites-tu la vérité?

Et toi, l'enfer des mille bêtes,
Sénat, Chambre des députés,
Quand donc — tel on voit les huissiers,
L'ange ira-t-il de tête en tête,
Mais pour les faire communier.
Promeneurs, meneurs solitaires
Tournant autour de vos tourments,
La vérité est sur la terre,
Vous pouvez enlever vos gants.

ENVOI

Napoléon et Talleyrand,
Je vous prie, descendez d'un cran,
Jésus l'a dit : « Le premier rang
Est réservé aux bons enfants. »

NOTA-BENE

Le retour en France des robes de bure
Aurait figuré dans ces écritures,
Mais ce qui réalise la poésie de Dieu,
Vouloir l'expliquer, c'est vouloir faire mieux.

COMME MARIE-MADELEINE

Mon Dieu, vous m'avez fait une âme solitaire
Vous m'avez mis au cœur des zones militaires
Ces fortifs désertés par les propriétaires.
Mon Dieu, vous m'avez fait une âme monastique
Une âme désolée d'être privée de vous
Aspirant à l'astral, soucieuse d'esthétique
Centrifuge comme l'épine sur la feuille du houx
Et vous m'aviez aussi gréé pour les tendresses
Des échelles écoutez les longs gémissements
C'est le vent de l'amour, Seigneur, dans mes haubans
L'amour, mon Dieu! dites l'orage et la détresse

Cœur bien éperonné
Luminaire de l'idéalité
Alors, quelle fêlure?
Hélas! la luxure!

LE PECHEUR ET L'AUTRE

Ce n'est pas moi qui vis
Ce n'est pas moi qui prie
Il y a un moine au pied de l'autel
Il y a un moine à la grille, à la grille de l'autel
Là-bas est une ville dans la brume
Entre les arbres et les feuillages des arbres
Il y a le ciel, il y a les toits qui fument
Et trois clochers qui piquent.
« Tu as bien tort, mon ami, de vivre de l'argent d'une [femme
— Oh! qu'on est bien dans son fauteuil
— Et moi j'ai tort de t'en parler
Car j'ai un amour inavouable dans le cœur. »
Ce n'est pas moi qui vis
Ce n'est pas moi qui prie
Il y a un moine à la grille, à la grille de l'autel.
Moi, j'ai un amour inavouable
Là-bas est une ville dans la brume
Les donjons d'usine et les tours et les clochers d'une ville.
Si la paix est dans la ville
Elle n'est pas dans mon cœur.
Tu as bien tort, mon ami, d'accepter les cigares de la dame.
Mais moi j'ai un amour, un amour inavouable dans le [cœur.

MEDITATION POUR LE JOUR DE NOËL

Esprit descendu dans la grotte
Comme l'inspiration sur le front du génie
Illuminez le cœur des hommes.
Plus de serpent et plus de bêtise
L'intelligence est un dépôt
Que Jésus laissa dans la terre
Et tous les génies qu'on révère
Valent par le Grand Génie d'en haut.
Embellissez de fleurs la face des écoles
Eclairez en festons les sièges enseignants.
Exultons et chantons, faisons des farandoles.
C'est aujourd'hui Noël la fête des savants
Naissance de l'Esprit, ô saint anniversaire
Je t'appelle, Noël, la fête des Lumières
Gardez! Gardons l'humilité : de l'esprit c'est l'amorce
Dit dans la grotte l'enfant nu
Et gardez, gardons la candeur : de l'esprit, c'est la force.
Dit un berger des peaux de ses moutons vêtu.
Mais le pied de Satan au bord du chou de mes entrailles...
Prince stupide mais puissant.
— Adieu, dit l'Esprit Saint, il faut que je m'en aille.
— Hélas! à toutes les horreurs je m'attends.

1920

Gaspard de Coligny en velours sur fond d'or
Priait. Priaient aussi les rois et les corrégidors;
Les marchands, les docteurs, petits et grands artistes
Priaient; les ouvriers, les pèlerins, mères, pères et fils,
Les soldats, les capitaines, les bourgeois priaient.
Saint-Louis de ses forêts faisait des cathédrales
Des voûtes d'un palais celles d'un hôpital
Louis XIV et ses femmes, les courtisans priaient.
Sous Louis XV on niait; nier, c'est toujours croire
Et les abbés poudrés confessaient après boire
Néron narguait les Dieux que craignait Marc-Aurèle
Et l'homme à Dieu toujours construisit des autels.
Pasteur avait Jésus, les Papous ont Moloch.
Mais vous, du cercle noir de votre indifférence!
De votre muet orgueil, ô trop heureuse France!
Tranchez l'Esprit divin de toutes les époques.

Juillet 1920.

VERRE DE SANG

à Juan Gris.

Les idées autour du Brocken et les cœurs autour du
Les unes sont couleur des temps [Calvaire.
Les autres sont couleur du sang
De votre sang j'avais bu la moitié d'un verre
J'ai jeté l'autre sur la mer
Il en naquit un grand vaisseau
Avec un acrobate en vert
Sur le bout du mât grand'arrière
Tous les morts gémissaient sous la forme de vagues
Et les damnés tendaient le dos des rochers noirs
Les plaintes des vivants se tordaient dans les algues
Les horribles joyeux, les plus horribles tristes
Dans la cale comme en 93 les prisons
Les fatigués, les chiens savants et les gradés
Les femmes roublardes douloureuses.
Le bruit fatal des vagues est en marge
Et l'humanité sur le bateau jouait aux cartes
Un ministre d'Etat y lisait son destin
Sur le grand'arrière.
A quoi bon tout le sang versé sur le calvaire
Pour ce bateau montant sur les vagues des morts?
Il faut souffrir puisqu'il faut vivre et qu'il faut voir

La tache du sang rouge atteignit les rochers
Tout frémissait, ma lyre aussi,
Et le vaisseau portait toute l'humanité
Moi je connais une boutique teinte du sang du Seigneur
Mais le « successeur » frénétique
Y fait mettre un drapeau de la même couleur
Le ciel est aujourd'hui rouge du sang du Christ
Mais sur moi, terrifié contre un vase de marbre
Dans le Luxembourg plein de fleurs
Le sanglier sorti des arbres
A jeté ses cornes d'or et sa fureur
Demain l'hiver viendra faner les capucines
Et moi je songerai, Seigneur, qu'on t'assassine.
L'air du Nord a cicatrisé les plaies.

Passage de la terre. Epreuve de nos sens.
Donnez-moi! donnez-moi d'en comprendre le sens.
Ami Présent Parfait! Ami si Pur! Ami Présent
La nature et la vie! Ce sont là vos présents
Je les prends et m'applique à en faire bon usage,
C'est-à-dire d'exercer pour devenir plus sage
Ce que j'ai d'esprit, de sentiment et de cœur
Vous êtes à votre fenêtre et Vous pensez à mon bonheur
Moi je cours à ma perte et sans comprendre vos mystères
Vous m'avez fait pour le ciel et je me donne à la terre
Ce que vous m'avez donné pour m'être divinement
Je m'en sers pour ce qui est le contraire [salutaire
Et je fais mon mal et celui des autres.
Je suis le vilain séducteur et je devais être un apôtre.
Convertissez-moi! Convertissez-moi! Convertissez-moi!

UN MENAGE D'ARTISTES SANS DIEU

Magicien qui remue les hommes des photos
Et qui sait faire partir les voitures sans chevaux
Pourrais-tu pas aussi donner un coup de lime
Au caractère affreux de mon illégitime?
L'Eglise le pourrait, le Démon le défend.
Paris, ville magnifique
Où l'arbre n'est pas taillé
Il manque à ta République
Contre lui de batailler
Du dernier des progrès l'empire de Satan dépend.

Les serpents enlacés faisaient mes initiales
Le linge qui séchait derrière l'hôpital
On les lisait encore aux croches des sonates
Les dames les tressaient avec leurs nattes.
Leurs jambages font ton ombre, ô Trocadéro
Et tes poutrelles, balcon vide du Métro
Mais le soir, tous les soirs me ramène au foyer
J'ai ma femme et son chien : j'entends aboyer.

MEDITATION SUR LA MORT

Voici la noire mort et toute sa misère
Le but des buts; de l'eau sur de la terre
Des os pourris au cimetière
La chair ne compte plus.
C'est moins utile que de la pierre.
Horreur! toucher cela quand on est bien portant!
Pourtant! trois fleurs... trois pleurs!
Paquet, va-t'en! Il y a bien le monument
Epitaphe, discours éloquents.
Qu'importe si ta dernière heure
Ne vous appartient pas, Seigneur
Alors... le silence! Quel oubli.

Un locataire a pris ta place
On a vendu l'armoire, l'armoire à glace
          Le lit
Ces gens qui passent dans la rue
Parleraient-ils du disparu?
Pleure aujourd'hui sur ta misère
Songe mieux à ton heure dernière.

Deux troupes d'anges et de démons
Se disputent le moribond

Je me connais : je les verrai :
Tout est calme, sauf mes traits
J'assiste à l'Eternel décret.
Les démons!... ah! que je m'en tire!
Oh! faites-moi recommencer! Seigneur plutôt le martyre.
Trop tard! Je suis nu devant Dieu.

Mémoire d'un méchant démon, rageur et radieux
De ma vie ce fut le témoin
Quant à l'ange il ne parle point.
Bonnes intentions, mais faible et sot
Il se rendait au moindre assaut.
Allons! toi qui t'écris ces lignes
Eh bien quoi il n'est pas trop tard
Au lieu de vivre en lézard
Fuis les influences malignes
Coupe, tranche, épluche ton rôle
Demande à Dieu un coup d'épaule
Tu te reposeras sûrement
La veille de ton enterrement.

LITANIES DE LA SAINTE VIERGE

Vierge si merveilleusement chatoyante qu'elle reflète les
[lumières du Saint-Esprit
Vierge si uniquement pareille au ciel que le Ciel l'épousa.
Seule mère possible pour le Seigneur
Enfant de quinze ans qui a parlé à l'Ange
Honorée d'un mariage avec Dieu
Honorée de la maternité de Dieu
Mère et épouse du ciel
Miraculée, miraculeuse
Gardienne du trésor unique
Gardienne du trésor de la terre
Gardienne du trésor du ciel
Mère d'espoir et d'angoisse
Entrailles divinisées
Providence de Dieu, Providence des hommes
Bergère de l'Agneau pascal
Mère qui a vu grandir l'Homme
Mère qui a vu souffrir l'Homme
Mère qui a vu mourir l'Homme
Mère confiante, mère émerveillée
Eternelle impératrice des chrétiens
Impératrice à la cour des Parfaits
Impératrice humble

Impératrice intangible, attentive, sensible, juste, savante
Escalier de la Perfection [et pure
Trône de la Perfection
Jardinière de nos âmes
Lampe de nos veilles
Présidente de nos assemblées
Infirmière de nos faiblesses
Robe couleur d'aiguille
Toute à chacun, tout pour chacun
Emeraude du ciel
Diamant des nuits
Topaze des jours.
Mère du Verbe, force du génie, muse des arts,
Vie de la pensée, pensée de la vie
O jeune fille pour toujours
O jeune mère pour toujours
O pureté pour toujours
O beauté
Sauvez les âmes de mes amis morts à la guerre.

LA VIE ET L'ŒUVRE DE MAX JACOB

Max Jacob est né le 11 juillet 1876 à Quimper, d'une famille israélite venue de Lorraine au début du XIXe *siècle. Son père était tailleur-brodeur.*

La vie et l'œuvre du poète garderont l'empreinte d'une enfance et d'une adolescence vécues au cœur d'une Bretagne riche en légendes et profondément catholique.

A la fin du siècle, il est à Paris, où il exerce tous les métiers : clerc d'avoué, employé de commerce, professeur de piano, critique d'art, peintre, etc.

Lié en 1901 avec Picasso, puis peu après avec Apollinaire et André Salmon, il fut introduit par eux dans la bohème montmartroise, dont il demeure une des figures les plus curieuses.

Le 7 octobre 1909, dans sa chambre de la rue Ravignan, « ce fut Dieu qui vint »... « ... Quelle beauté! élégance et douceur! Ses épaules, sa démarche! Il a une robe de soie jaune et des parements bleus. Il se retourne et je vois cette face paisible et rayonnante... »

Il se convertit dès lors au catholicisme mais dut attendre plus de cinq ans son baptême. On épilogua longtemps sur la sincérité de sa conversion car elle n'abolit point dans l'œuvre du poète les hasards savamment concertés de ces coups de dés où le lyrisme, la jonglerie verbale, l'humour, la sensibilité la plus fraîche se donnent constamment rendez-vous.

A partir de 1921, et durant six ans, il vit en retraite à Saint-Benoît-sur-Loire, s'astreignant à la vie religieuse. Son séjour est coupé de brefs voyages en Italie, en Espagne, en Bretagne. Il revient s'installer à Paris, rue Nollet, mais assez tôt se hâte de regagner sa retraite, y vivant de la vente de ses gouaches et de ses dessins.

Avec la guerre son mysticisme s'accroît. Les persécutions antijuives, la mort de son frère, l'arrestation et la déportation de sa sœur, tout préparait Max Jacob à sa fin tragique : « Je mourrai martyr. » Le 24 février 1944, à la sortie de la messe du matin qu'il venait de servir à la crypte de la basilique, la Gestapo l'arrête. Il meurt le 5 mars au camp de Drancy.

D'une œuvre relativement abondante et dont Le Cornet à dés *représente sans aucun doute l'essentiel, nous donnons ci-dessous un tableau assez complet mais qui ne se prétend nullement exhaustif.*

1903 *Le Roi Kaboul et le marmiton Gauvin.* Livre de prix pour les écoles (Picard et Kahn), 1951 (Les Amis de Max Jacob).

1904 *Le Géant du Soleil.* Conte pour les enfants (Librairie Générale).

1911 *Saint Matorel* (Kahnweiler), 1936 (Gallimard).
La Côte. Chants bretons (chez l'auteur).

1912 *Les Œuvres burlesques et mystiques de frère Matorel, mort au couvent de Barcelone* (Kahnweiler).

1914 *Le Siège de Jérusalem.* Drame céleste (Kahnweiler).

1917 *Le Cornet à dés.* Poèmes en prose (chez l'auteur), 1945 (Gallimard).

1918 *Le Phanérogame.* Roman (chez l'auteur).

1919 *La Défense de Tartufe.* Extase, remords, visions, prières, poèmes et méditations d'un Juif converti (Société littéraire de France), 1964 (Gallimard).

1920 *Le Cinématoma.* Fragments de mémoires des autres (La Sirène), 1929 (Gallimard).

1921 *Dos d'Arlequin.* Fantaisie dramatique; illustré par l'auteur (Kra).
Le Laboratoire central. Poèmes (Au Sans-Pareil), 1960 (Gallimard).

Le Roi de Béotie. Nouvelles (Gallimard).

1922 *Le Cabinet noir.* Lettres (Gallimard). Edition augmentée, 1928 (Gallimard).

Art poétique (Emile-Paul).

Le Terrain Bouchaballe. Roman (Emile-Paul), 1964 (Gallimard).

Filibuth ou La Montre en or. Roman (Gallimard).

1923 *La Couronne de Vulcain.* Fantaisie (Galerie Simon).

1924 *Visions infernales* (Gallimard).

L'Homme de chair et l'homme reflet (Gallimard).

1925 *Les Pénitents en maillots roses.* Poèmes (Kra).

1926 *Le Nom.* Nouvelle (La Lampe d'Aladin, Liège).

1927 *Fond de l'eau.* Poèmes (Editions de l'Horloge, Toulouse).

1928 *Visions des souffrances et de la mort de Jésus, Fils de Dieu.* Quarante dessins de Max Jacob (Les Quatre-Chemins).

1929 *Sacrifice impérial.* Poèmes (Emile-Paul).

Tableau de la bourgeoisie. Illustré par l'auteur (Gallimard).

1931 *Rivage.* Poèmes (Les Cahiers libres).

1932 *Bourgeois de France et d'ailleurs* (Gallimard).

1938 *Ballades* (René Debresse).

1945 *Conseils à un jeune poète* suivis de *Conseils à un étudiant* (Gallimard).

Derniers poèmes en vers et en prose (Gallimard).

1946 *Lettres inédites du poète à Guillaume Apollinaire* (Ed. Seghers).

L'Homme de cristal (La Table ronde), 1967 (Gallimard).

1947 *Méditations religieuses* (Gallimard).

1949 *Miroir d'astrologie* (en collaboration avec Claude Valence) [Gallimard].

1950 *Choix de lettres à Jean Cocteau.* 1919-1944 (P. Morihien).

1953 *Correspondance.* Recueillie par François Garnier (Editions de Paris).

Poèmes de Morven le Gaélique (Gallimard).

1954 *Théâtre I. Un amour du Titien. La Police napolitaine.* Collection « Les Cahiers de Max Jacob ».

1955 *Le Cornet à dés,* II (Gallimard).

1956 *Correspondance*, t. II : *Saint-Benoît-sur-Loire*. 1921-1924 (Editions de Paris).

1958 *Lettres aux Salacrou*. Août 1923-janvier 1926 (Gallimard).

DEUXIEME PARTIE

TROISIEME PARTIE

DERNIERE PARTIE

Ce volume,
le cent trente-neuvième de la collection Poésie,
a été achevé d'imprimer sur les presses
de l'Imprimerie Bussière à Saint-Amand (Cher),
le 3 octobre 1994.
Dépôt légal : octobre 1994.
1er dépôt légal dans la collection : avril 1980.
Numéro d'imprimeur : 2660.

ISBN 2-07-032194-0./Imprimé en France.

70612